当代高校英语教育的创新发展研究

苏瑞丹 著

天津出版传媒集团
天津科学技术出版社

图书在版编目(CIP)数据

当代高校英语教育的创新发展研究 / 苏瑞丹著. --
天津：天津科学技术出版社, 2024.6
ISBN 978-7-5742-2191-8

Ⅰ.①当… Ⅱ.①苏… Ⅲ.①英语 – 教学研究 – 高等学校 Ⅳ.①H319.3

中国国家版本馆CIP数据核字(2024)第111649号

当代高校英语教育的创新发展研究
DANGDAI GAOXIAO YINGYU JIAOYU DE CHUANGXIN FAZHAN YANJIU

责任编辑：	田　原
责任印制：	兰　毅
出　　版：	天津出版传媒集团 天津科学技术出版社
地　　址：	天津市和平区西康路35号
邮　　编：	300051
电　　话：	（022）23332377
网　　址：	www.tjkjcbs.com.cn
发　　行：	新华书店经销
印　　刷：	河北万卷印刷有限公司

开本 710×1000　1/16　印张 11.75　字数 160 000
2024年6月第1版第1次印刷
定价：68.00元

前言

在当今全球化和信息化时代背景下，高校英语教育的重要性日益凸显。作为连接中国与世界的重要语言工具，英语不仅是国际交流的桥梁，也是培养具有国际视野和全球竞争力的人才的关键。随着改革开放的深入推进和国际交流的不断增加，高校英语教育面临着前所未有的挑战和机遇。因此，本书将探索和研究高校英语教育在新时代的发展方向和创新策略，以便为中国高校英语教育的改革和发展提供全面的理论支持和实践指导。

本书由八章构成。第一章对高校英语教育的发展概况进行了全面梳理，包括高校英语教育的发展历程、发展现状，并对未来的发展趋势做出了预测和展望。这对于理解当前高校英语教育面临的挑战和机遇具有重要意义。第二章深入探讨了高校英语教育创新发展的理论支撑，分析了高校英语教育创新发展的时代背景、基本原则、理论依据以及具体要求。

第三章聚焦高校英语教育教学目标的创新设定，探讨了高校英语教育的基本教学目标、思想政治教学目标、文化素质教学目标以及思维方式教学目标。这一章的重点在于如何通过创新教学目标提高学生的英语语言能力，同时培养其批判性思维、文化素养和国际视野。第四章则深入分析了高校英语教育教学模式的创新建构，包括多模态教学模式、生态化教学模式等创新教学模式。这一章旨在通过多样化的教学模式，为学生提供更加丰富、有效的学习体验。第五章着重介绍高校英语教育教学方法的创新应用，探讨了课堂辩论教学法、产出导向教学法等教学方法。这些创新的教学方法能够提高教学效果，激发学生的学习兴趣和积极性。第六章关注高校英语教育教学语言的创新设计,包括教学语言内涵分析、教学导入语创新设计等内容。这一章节强调了教学语言在英语教学中的重要性,以及如何创新设计教学语言。

第七章和第八章聚焦高校英语教育教学的创新实践,前者关注知识类教学,如词汇和语法教学的创新实践;后者关注技能类教学,包括听力、口语、阅读、写作和翻译教学的创新实践。这两章提供了具体的创新实践案例,展示了如何将理论应用于实际教学中,以提高教学效果。

综上所述,本书系统地阐述了高校英语教育在新时代的创新理念和实践策略,不仅是高校英语教育工作者的宝贵参考资料,也是广大高校学生深入了解英语教育创新发展的重要读物。在全球化和信息化时代背景下,本书的出版对于推动我国高校英语教育的改革和发展,培养适应国际化趋势的复合型人才具有重要意义。

虽然本书在阐释和论述的过程中力求语言表达简洁,行文通顺合理,但由于笔者能力有限,本书还存在诸多不足之处,有待进一步完善,因此恳请广大读者批评指正。

目录

第一章　高校英语教育发展概况　1
第一节　高校英语教育发展历程　1
第二节　高校英语教育发展现状　5
第三节　高校英语教育发展趋势　12

第二章　高校英语教育创新发展的理论支撑　19
第一节　高校英语教育创新发展的时代背景　19
第二节　高校英语教育创新发展的基本原则　25
第三节　高校英语教育创新发展的理论依据　29
第四节　高校英语教育创新发展的具体要求　40

第三章　高校英语教育教学目标的创新设定　47
第一节　高校英语教育的基本教学目标　47
第二节　高校英语教育的思想政治教学目标　54
第三节　高校英语教育的文化素质教学目标　61
第四节　高校英语教育的思维方式教学目标　66

第四章　高校英语教育教学模式的创新建构　73
第一节　高校英语教育教学模式内涵分析　73
第二节　高校英语教育多模态教学模式　78
第三节　高校英语教育生态化教学模式　83
第四节　高校英语教育数字化教学模式　89
第五节　高校英语教育线上线下教学模式　93

第五章　高校英语教育教学方法的创新应用　100

第一节　高校英语教育课堂辩论教学法　100
第二节　高校英语教育产出导向教学法　104
第三节　高校英语教育角色扮演教学法　111
第四节　高校英语教育自主学习教学法　118

第六章　高校英语教育教学语言的创新设计　125

第一节　高校英语教育教学语言内涵分析　125
第二节　高校英语教育教学导入语创新设计　131
第三节　高校英语教育教学授课语创新设计　136
第四节　高校英语教育教学点评语创新设计　141

第七章　高校英语教育教学的创新实践——知识类教学　146

第一节　高校英语教育词汇教学的创新实践　146
第二节　高校英语教育语法教学的创新实践　152

第八章　高校英语教育教学的创新实践——技能类教学　156

第一节　高校英语教育听力教学的创新实践　156
第二节　高校英语教育口语教学的创新实践　159
第三节　高校英语教育阅读教学的创新实践　163
第四节　高校英语教育写作教学的创新实践　167
第五节　高校英语教育翻译教学的创新实践　171

参考文献　176

革开放急需的人才培养要求。这种"工具"属性成为高校英语教学的根本定位。

在这一时期，高校英语教学以传统教学模式为主导，教学重点在于培养学生的阅读能力和基础语法知识，旨在使英语成为服务于其他学科的有效"工具"。这一时期的教学主要围绕增强学生的阅读能力、一定的听力和翻译能力以及初步的写作和口语能力开展。高校以全国大学英语四、六级考试为导向布置教学内容，强调基础语法知识的传授。课程设置倾向于传授语法知识和培养阅读能力，听、说、写能力的培养则处于次要地位。

当时的英语教学在各类课程中占据较大比重，基础阶段的周课时通常在4课时（4个学分）以上，有些高校甚至达到6至8课时，总课时在256或288小时以上。四、六级考试成绩（合格证书）被视为衡量学生是否掌握这个"工具"的主要乃至唯一标准。因此，大多数高校都将四、六级的通过率作为评价英语教学质量的重要指标。这一教学模式和评价体系的设置，反映了当时高校英语教学的特点和重点，即重视书面语言技能和考试导向，而相对忽视了对学生实际交流能力的培养。

高校英语教学在早期阶段的定位具有明显的优势，也体现出明显的不足。优势在于，通过集中于语法和阅读的教学，学生们打下了扎实的语言基础，特别是在阅读、写作和翻译方面的能力得到显著提升。这种教学模式为中国培养了大量具备一定英语"工具"能力的外向型专业技术人才，对于支撑和促进改革开放期间的巨大成就起到了重要作用。这种教学定位的不足之处同样明显。它导致了高校学生对英语听说能力，尤其对口头表达能力缺乏足够的关注，使得许多学生虽然学习英语多年，却仍然难以流利地进行口头交流。这种"工具性"功能的局限性，在21世纪初期中国社会整体发展水平的背景下变得更为明显，因此高校英语教学的改革显得尤为迫切和必要。如此改革不仅是为了提升学生的语言综合能力，更是为了适应社会发展和国际交流日益增长的需求。

（二）改革发展期

21世纪初，随着中国改革开放的不断深入，社会对外语，特别是英语的需求发生了显著变化。这一时期，中国的国际交流在广度和深度上均达到了前所未有的水平，对人才的口头表达和写作能力提出了更高的要求。为适应这一变化，高校英语教学迎来了新的特征，并开始了新一轮的改革。2003年3月，中华人民共和国教育部（以下简称"教育部"）部长专题会议审议并通过了"高等学校教学质量与教学改革工程"的总体方案和基本思路。在这个框架下，高校本科公共英语教学改革作为重要内容之一，开始进入实施阶段。这项改革的主要目的是通过对高校英语教学思想、内容和方法的改革，改进教学手段，完善教学评价体系，建立一个适应21世纪人才培养要求的高校英语教学体系。为实现这一目标，2004年教育部高等教育司颁布了《大学英语课程教学要求（试行）》，明确提出新的大学英语教学目标，包括培养学生的英语综合应用能力，尤其是听说能力，以使他们在未来的学习、工作和社会交往中能够有效地使用英语进行交流。改革还旨在增强学生的自主学习能力和提高他们的综合文化素养，以适应中国社会发展和国际交流的需求。

这一时期的高校英语教学出现了几个显著的变化和特点：第一，教育理念和教学目标经历了显著的转变。教学目标开始从以往以培养阅读能力为中心转向以培养听力和口语能力为重点。这一转变标志着听、说技能在高校英语教学中的地位提升。第二，教学方法也发生了变化。多媒体和网络技术的广泛应用为更新教学模式和改变教学手段提供了充分的条件和可能性。第三，分级教学和互动式教学成为主导的教学模式。与此同时，以四、六级考试为导向的教学模式开始逐渐淡化，过去将四、六级证书与学位证书，甚至毕业证书挂钩的做法也逐步被淘汰。目前，大多数高校已取消了将四、六级成绩与毕业证、学位证挂钩的做法。这些变化反映了高校英语教学向更为综合、互动和技术驱动的方向发展，也体现了对高校学生英语综合应用能力培养的更高要求。

2004年版《大学英语课程教学要求（试行）》与1985版《大学英语教学大纲》相比，引入了"同时增强其自主学习能力，提高综合文化素养"的新内容，这一变化标志着高校英语教学功能定位的重大转变。这是首次将"提高综合文化素养"纳入教学要求，突出了高校英语不仅仅是基础课程，更是一门拓宽知识、了解世界文化的素质教育课程，具有工具性和人文性双重功能。教学不再单一强调英语作为获取专业知识的"工具"，而是开始探索其在人文通识教育和提高学生综合文化素养方面的作用。

教学体系的构建也发生了显著变化，课程体系变得更加丰富。基础必修课的学分开始减少，选修课的学分逐步提高。过去以《大学英语》1至6级为主的课程体系，开始纳入大量的选修课程。这些选修课程包括提高英语技能的口语、翻译等课程，以提高综合文化素养为目标的文学、文化类课程，以及商务英语、会展英语、旅游英语等应用类课程。相应地，多元化的教学模式开始兴起，各高校尝试开发具有本校特色、符合本校实际、与学生基础水平相适应的高校英语教学模式和教学体系。这些变化反映了高校英语教育逐渐从单一的语言技能传授转向更加全面的综合素养培养，强调了英语学习在促进学生全面发展中的重要作用。

第二节　高校英语教育发展现状

中国高校英语教育在其漫长的发展历程中经历了从自我摸索到与国际接轨的转变。在这个过程中，高校英语教育在教学方法和教学成果方面取得了显著的成就。然而，伴随着不断变化的发展需求，身处日新月异的发展环境，当前高校英语教育的发展也面临着各种挑战。这些挑战在很大程度上影响了高校英语教育的进一步发展。

一、高校英语教育的客观挑战

（一）教学目标设置

高校英语教育在教学目标设置方面的主要问题是过于侧重语言基础知识的教授，忽视了实际应用能力、综合能力及未来技能的培养。这种设置不仅影响了学生英语学习的实用性和全面性，也未能充分适应时代和社会对于高素质人才的需求。因此，未来的高校英语教育应当重新审视和调整教学目标，使之更加贴近实际应用，更加注重综合能力的培养，并兼顾未来社会对技能的需求。教学目标的设置应避免以下几个方面的问题。

1. 目标定位的单一性

传统的高校英语教学目标在中国往往偏向于语言基础知识的教授，如语法、词汇和阅读理解等。这种单一的目标定位忽视了英语语言的实际应用能力，尤其是听说能力的重要性。在全球化和国际交流日益频繁的今天，单纯的书面语言知识已不能满足学生在真实场景中的沟通需求。

2. 实用性的缺失

由于过分强调理论知识的学习，教学目标常常与学生的实际应用需求脱节。学生虽然掌握了大量英语知识，但往往在实际交际中感到无所适从。这种缺乏针对性的教学目标设置，使得学生在完成学业后，很难将所学知识有效地应用于工作和日常生活中。

3. 缺少综合能力的培养

现行的英语教学目标未能充分体现对学生综合语言运用能力的培养，包括跨文化交流能力、批判性思维能力以及创新思维能力的培养。在全球化背景下，这些能力对于学生的长远发展至关重要，但目前的教学目标设置未能给予足够的重视。

第一章 高校英语教育发展概况

第一节 高校英语教育发展历程

一、改革开放之前的高校英语教育

20世纪50年代至20世纪60年代，中国的高校英语教育面临了复杂而艰巨的挑战。这一时期，中国的政治和经济环境对教育体系产生了深刻影响，尤其是在外语教育领域。受国家政策的影响，俄语成为主导的外语，而英语教学则相对边缘化。这种政策导向对高校英语教育产生了重要而深远的影响，主要体现在教师队伍、教学资源和教学方法三个方面。

倾向于俄语的外语教学政策首先导致英语教师队伍的萎缩，许多英语教师转向俄语教学，这不仅减少了英语教师的数量，也降低了教师队伍的专业水平。随之而来的是英语作为外语的教学质量和效果的明显下降。英语教学资源在当时的高校中极为匮乏，包括教材、教学设备及其他资源。这种资源短缺导致英语教学内容单一，方法陈旧，难以满足学生多元化的学习需求。同时，教学方法上的落后，特别是对传统的语法翻译法的过度依赖，使教师忽视了对学生听力和口语能力的培养，使得学生虽在语法和词汇知识上有所掌握，但在实际沟通中难以灵活运用，从而限制了他们英语综合能力的提升。这些问题的存在，使得当时中国高校的英语教育发展受到了严重的制约。

二、改革开放之后的高校英语教育

在我国，真正意义上的高校英语教育开始于改革开放之后，并且随着改革开放的深化而得到深入发展。在不同的时期，高校英语教育有着不同的功能定位，呈现出不同的特点，与当时的社会发展总水平及社会需求相适应。改革开放之后，我国的高校英语教育发展可以分为两个阶段。

（一）起步发展期

中华人民共和国成立后，尽管高等教育中存在英语教育，即高校英语教学，但其规模和影响相对较小。直到20世纪70年代末，随着中国改革开放的启动，高校英语教学才开始在更广泛的范围内得到重视和发展。这一时期，受限于当时的历史条件和社会发展阶段，高校英语教学的定位主要与社会需求相适应。1985年版《大学英语教学大纲》规定，大学英语教学的目的是培养学生具有较强的阅读能力，一定的听和译的能力，初步的写和说的能力，强调将英语作为工具来获取专业所需信息，并为进一步提高英语水平打下良好基础。1999年版《大学英语教学大纲》对大学英语教学定位做出了调整，进一步明确了培养学生的阅读能力和听、说、写、译的综合能力，目的是使学生能够有效地用英语进行交流。虽然1999年版大纲在表面上看似对教学定位做出了调整，但其实质上仍然延续了1985年版大纲的核心思想，即强调英语作为交流信息的"工具"性质。在改革开放的早期阶段，由于社会整体发展水平和英语教育程度相对较低，人们的英语水平普遍偏低，英语人才非常稀缺。因此，当时的高校英语教学主要是以英语作为"工具"来培养人才，以适应改

4.应试导向

随着四级、六级等英语考试在学生学业评估中的重要性增加，教学目标不可避免地倾向应试教育。这种以考试为中心的教学目标设置会导致教学内容和方法的单一化，学生会更多地关注如何应对考试，而非如何在实际场合中灵活运用英语。

5.对未来技能的忽视

传统的教学目标的设置不仅未关注语言技能的培养，也未重视学生面向未来的技能需求，这对于他们的长期职业发展和适应社会的变革非常不利。因此，高校英语教育在设置教学目标时应重视培养学生适应未来需求的技能。具体来说，在信息时代的背景下，数字素养和信息处理能力成为现代社会不可或缺的关键技能。其中数字素养指的是个人在数字环境中有效获取、理解、评估和使用信息的能力。这不仅包括能够熟练操作数字工具和平台，更重要的是具备批判性思维，能够在海量信息中辨别真伪、提炼核心，并有效利用这些信息。在英语教学中，加强数字素养的培养意味着不仅教授语言知识，还要教会学生如何在网络环境中有效学习和使用英语，如利用在线资源学习、参与国际线上交流等。信息处理能力是指在快速变化的信息时代中，快速并有效地处理和分析信息的能力，包括从大量的英语文本、音视频材料中提取关键信息，以及能够对信息进行逻辑分析和综合运用。在英语教学中，这意味着教师需要引导学生学会如何筛选和利用各种英语信息资源，如何对这些信息进行批判性分析，并将其应用于实际的语言使用场景中。

（二）教学模式构建

在当代高校英语教育教学工作开展的过程中，教学模式的构建是另外一种客观挑战，主要体现在教学模式的单一性和以教师为中心方面。传统的以教师为中心的教学模式过分强调教师在课堂上的主导地位，在很大程度上忽视了对学生主体性的培养。这种教学模式导致学生多处于被动接受知识的状态，缺乏主动学习和探索的机会。因此，学生的参与度和互动性不足，使得课堂活动缺乏吸引力，不利于激发学生的学习兴趣和积极性。

这种以教师为中心的教学模式在确定课程内容、教学方法和学习进度时往往只从教师的角度考虑，忽略了学生个体之间在学习风格、兴趣和能力上的差异。这限制了学生获得适合自己的学习体验，阻碍了他们潜能的充分发挥。过分依赖传统教学方法和内容的教学模式也导致对学生创新与实践能力培养的欠缺。在社会对创新和实践能力需求日益增长的背景下，这种教学模式的局限性愈发显著，对学生未来的成长和发展构成了潜在的阻碍。这些挑战共同体现了当前高校英语教学模式构建的紧迫性和复杂性，呼唤高校英语教育教学的创新性改革。

（三）教学内容选择

在当前高校英语教育教学工作开展的过程中，教学内容的选择和确定是一项重大挑战，尤其体现在教师应如何避免内容的单调性和重复性上。高校英语教学常常延续中学阶段的基础教学内容，主要侧重于传授语法、词汇等基本语言知识。这种做法导致学生在进入高校后仍然在学习相同的基础英语内容，学习内容缺乏新颖性和挑战性。由于教学内容的这种单一化，学生的学习动力往往会随之降低，因为他们发现自己仍然在重复学习高中阶段已经掌握的知识。这种情况不仅使学生感到学习英语枯燥乏味，也不利于他们在英语语言应用能力上的进一步提升。

教师选择并确定教学内容的另一挑战是对英语所承载的文化内容呈现不足。语言学习不仅是技能的掌握，还是对文化的理解和交流。然而，传统的教学内容过于专注于语言形式，而未能充分强调英语作为文化载体的重要性。这种教学内容的设置无法帮助学生深入理解语言背后的文化背景，从而限制了他们在语言实际应用中的跨文化交际能力。缺乏文化深度的教学内容不仅降低了学习的趣味性，还影响了学生的全面发展。因此，高校英语教学在内容选择上需要更多地考虑文化因素，以促进学生的全面发展和真正地提高其语言应用能力。

（四）师资队伍建设

在高校英语教育教学领域，师资队伍建设问题尤为突出，特别是在构建兼具理论知识和实践经验的"双师型"教师队伍方面。目前，许多高校的英语教师虽然在专业理论方面具有一定的知识背景，但在教学经验、教育理念以及实践技能方面存在明显不足。这种不平衡的师资结构直接影响了英语教学的质量。由于缺乏足够的实践经验，教师在教授专业英语时往往不能提供有效的实践指导，这种局限性使得教学内容往往只停留在理论层面，难以满足学生在实际应用英语方面的需求。

在当今社会，英语不仅是一门学科、一种语言，更是一种工作和生活中不可或缺的交际工具。然而，当教师无法将专业知识与实际应用相结合时，学生在学习过程中便很难获得如何在真实情境中使用英语的指导和经验。这导致学生在面对实际的工作和生活场景时往往感到无所适从，无法将所学知识有效地转化为实际应用能力。缺乏实践经验的教师在授课时可能过分侧重于书本知识，而忽视了英语作为一种交际工具在实际生活中的应用，从而限制了学生在语言实际运用中的能力提升。因此，高校英语教师队伍中"双师型"教师的缺乏成为制约学生英语实际应用能力提升的重要因素，这对于提高英语教学质量和效果构成了重大挑战。高校英语教学的发展迫切需要更多具备实践经验和现代教育理念的英语教师，以更好地满足学生在全球化时代对英语实际应用能力的需求。

二、高校英语教育的主体挑战

教师和学生是构成高校英语教育工作的主体，也是影响高校英语教育教学工作开展的主观因素，教师在教学工作中面临的挑战和学生在学习英语过程中存在的问题构成了高校英语教育的主体挑战。

（一）教师工作挑战

在高校英语教育教学中，教师工作面临的挑战主要体现在三个方面：教师的口语能力不足、科研能力薄弱以及教材利用能力的欠缺。

1. 口语能力不足

对于许多教师而言，尽管他们在英语学习上投入了大量的时间和精力，但由于长期受应试教育模式和传统教学方法的影响，他们在口语表达方面的能力并未得到充分的发展。这种口语能力不足的问题严重影响了教师的教学效果，尤其是在听力和口语教学方面。学生在这样的教学环境下，往往无法有效地提升自己的听力和口语技能，因为他们缺乏与具备相应口语能力的教师交流的机会。这不仅限制了学生语言能力的全面发展，也减弱了他们对英语学习的兴趣和积极性。

2. 科研能力薄弱

英语教师的科研能力薄弱是一个不容忽视的问题。对于部分英语教师而言，他们的科研能力有限，这不仅影响了他们在学术领域的发展，也间接影响了教学质量和教学方法的创新。由于科研能力的不足，教师可能难以掌握最新的教育理论和教学法，这在一定程度上限制了他们在课堂上应用新兴教学理论的能力。科研能力的不足还可能阻碍教师在教学实践中有效地自我反思和改进，使得教学方法缺乏针对性和创新性。因此，高校英语教师的科研能力有限是一个重要的工作挑战，它不仅影响教师个人的职业发展，也影响整个高校英语教学的质量和效果。

3. 教材利用能力欠缺

部分高校英语教师在利用教材方面存在显著的局限性。一些教师过度依赖教材，缺乏对教材内容的深入理解和灵活运用。他们机械地遵循教材的结构和顺序，而忽视根据学生的具体需求和兴趣调整课程内容。这会导致学生只是被动地接受知识，而无法有效地理解和运用所学内容。对教材的过度依赖还会导致教师忽视教学内容的及时更新。随着语言和文化的不断变化，教材内容无法完全涵盖最新的语言使用情况和文化背景，这限制了学生对英语语言和文化的全面和深入理解。如果缺乏与时俱进的教学内容，教师就无法有效地引导学生理解和适应当代社会中英语的实际应用，从而影响学生的语言实际运用能力和跨文化交际技能的发展。

（二）学生学习问题

1.英语基础差异

由于高校招生渠道的多样性，学生英语水平的差距较大，这对英语教学工作带来了不小的挑战。一方面，有些学生虽然通过普通高考进入高校，但他们的英语基础仍然难以达到高校英语教学的要求。另一方面，那些从中专、技校或职业中学升入高校的学生，以及直接从初中进入大专的学生，通常英语基础更加薄弱。这种基础知识的不足导致他们在学习英语时感到困难重重，缺乏学习兴趣和动力。这样的学生背景差异对英语教学的开展构成了直接的影响，给教师在满足不同学生需求方面带来了挑战。教师在设计教学内容和运用教学方法时需要兼顾不同学生的学习水平，这不仅加大了教学工作的复杂性，还可能影响教学的整体进度和效果。因此，学生英语基础的巨大差异是高校英语教学中一个不容忽视的重要问题，它对教师的教学策略和方法提出了更高的要求。

2.缺乏明确的目标

高校英语教学面临的一个严重问题是学生在学习英语时缺乏明确的目标。特别是非语言专业，如工科等专业的学生，普遍存在着将英语视为次要辅助课程的观念。这种观念导致他们将主要精力集中在专业课程上，而忽视了英语作为基础技能的重要性。这种对英语学习的忽视不仅影响了他们的语言能力发展，还可能限制他们在未来职业生涯中的发展潜力。由于缺乏明确的学习目标和正确的学习动机，这些学生在英语学习上往往缺乏积极性，这在高校英语教学中构成了一个巨大的挑战。

3.缺乏足够的主动性

一些学生从高中阶段开始就对英语学习缺乏兴趣，表现出消极的学习态度。这种态度延续到大学阶段，导致他们在英语学习上不认真和不积极。许多学生将英语学习的重点放在通过考试和获取证书上，而忽视了英语实际应用能力的培养。这种"应试导向"的学习方式不仅限制了他们语言能力的发展，而且阻碍了良好学习习惯和积极学习动机的形成。因此，在高校英语教学中，如何激发学生的学习兴趣，树立正确的学习观念和目标成为一大挑战，直接影响着学生英语能力的提升和综合素质的培养。

第三节　高校英语教育发展趋势

一、语言教学整体化

高校英语教育的发展趋势之一是语言教学的整体化转变。这种转变体现了对语言学习中各个组成部分的综合性和互动性的重视，旨在把语言视作一个统一的整体进行教授和学习。在这种教学模式下，诸如语境、词汇、句式结构、语法规则等元素不再被孤立地教授，而是作为相互联系的部分共同构成语言的框架，以此提供更加丰富和实用的语义。

整体语言教学法强调口语（听说）与书面语（读写）之间的相互补充和内在联系，这一点在高校英语教育中尤为重要，因为它促进了学生对"英语是交际工具"的全面理解。在教学实践中，这意味着教师将更多地鼓励学生在真实语境中应用英语，体验语言的实际运用，而非仅仅依赖传统的课堂讲授和机械操练。这种教学趋势不仅提高了学习的实用性和有效性,而且更符合当代社会对英语应用能力的要求,有助于学生更好地适应未来的工作和生活环境。整体语言教学法的作用如下。

(一)提高学生的语言交际能力

传统的语言教学方法往往重点关注词义和语法结构,而整体语言教学法则将语言学习置于更加广阔的语境中,强调语言的实际应用。这种以篇章为单位的教学方式不仅让学生能够在真实的语境中理解和使用语言,而且帮助他们更好地把握语言的整体性。在整体语言教学法中,词、句和篇章被综合地考虑,学生通过对完整文本的学习,能够更全面地理解语言的内在逻辑和实际用途。这种教学方法还有助于学生认识到语言不仅仅是单词和语法规则的集合,而是一种用于表达思想、情感和信息的工具,从而在更深层次上理解语言的本质。

(二)激发学习的积极性和主动性

整体语言教学法还能激发学生学习的积极性和主动性,为构建以学生为中心的课堂环境创造条件。在这种教学模式下,教师通过设计、开展各种互动性强的活动引导学生积极参与,表达自己的想法,学生不再是被动的知识接受者,而是积极参与语言学习过程。这种教学环境使学生更愿意投入英语学习中,不仅因为它们提供了更多实际运用语言的机会,也因为这样的学习方式更加有趣和富有挑战性。通过这种方式,学生不仅能够提升语言技能,还能够培养解决问题的能力和团队合作精神,这对于他们未来的学术和职业生涯都是极为重要的。

(三)提升英语综合运用能力

2007年教育部高等教育司发布的《大学英语课程教学要求》强调大

学英语的教学目标是培养学生的英语综合应用能力,特别是听说能力。整体语言教学法正好与这一目标相契合,因为它通过整合各种语言技能的教学,创造了一个更接近真实语言使用情景的学习环境。在这种教学模式下,整体语言教学法能够全面提升学生的听、说、读、写能力,并特别强化学生的问题分析能力、解决问题能力以及跨文化交际能力。这种教学方法不仅关注语言技能的提升,还重视学生如何在实际情景中运用这些技能。在这样的教学环境中,学生被鼓励思考、分析并解决真实世界中的问题,使用英语作为沟通和表达的工具。例如,通过小组讨论、情景模拟、案例分析等教学活动,学生被引导在多元文化背景下使用英语进行有效的口头和书面交流,这有助于他们在未来的职业生涯中更加自如地运用英语进行交流。

二、教学内容综合化

高校英语教育的发展趋势之一是教学内容的综合化,这一趋势在于将语言知识、技能与社会文化知识及学习策略方面的教学内容相结合。

教学内容综合化的推动力之一来自人们对语言与文化关系的深入理解。长期的学术探讨和实践经验表明,语言不仅是文化的主要载体,反映了特定文化的价值观和思维方式,而且文化与语言的发展是相互依存、相互影响的。因此,在高校英语教学中,教师越来越重视将文化元素融入语言教学中,使学生在学习语言的同时,能够更深入地理解和欣赏英语所代表的文化背景。这种教学方式有助于学生更全面地掌握语言,提高他们的跨文化交际能力。

学习策略研究的兴起也极大地推动了教学内容的综合化。随着个性化学习和自主学习理念的普及,教师开始更加关注学生如何开展学习,而不仅仅是如何教。在这种趋势下,学生被鼓励采用适合自己的学习策略开展自主学习、线上学习,教师则在课堂上提供更多的指导和支持。只有结合不同的教学方法和技巧,如协作学习、项目式学习、情景模拟等，高校英语教育才能够更好地满足学生的个性化需求，促进学生主动学习并提高其综合能力。

三、教学定位多元化

（一）工具论

高校英语教育的传统教学定位，即工具论，长期以来一直是我国高校英语教学的核心观念。根据这一观点，高校英语教学的主要目标是使学生掌握一门有效的交际工具，主要包括听、说、读、写等基本语言技能，以便学生能够在未来的学术和职业生涯中使用英语进行有效的交流和学习。这种定位强调英语作为一种实用工具的性质，侧重于语言技能的培养和实际应用，而不太关注语言学习过程中的文化交流和个性化发展。在这样的教学环境中，教学内容和方法往往以教师为中心，以课本为主导，注重语法、词汇和阅读理解的教学，而交际能力的培养则相对较少。

这种传统的教学定位近年来已经面临诸多挑战。随着全球化的加深和国际交流的增多，仅将英语作为一种交际工具的观念已经不能满足当代社会和学生的需求。当代社会更加重视英语学习过程中跨文化交际能力、批判性思维、创新能力的培养以及学生的个性化发展。随着信息技术的发展和网络资源的日益丰富，学生对英语学习的方式和环境也有了新的期待和需求。因此，这种单一、以技能培养为中心的传统教学定位正逐渐被更为全面、灵活和多元化的教学理念所替代。

（二）通识教育论

高校英语教育的新型教学定位，即通识教育论，为当代高校英语教学提供了一个更为宽广的视角。这一观点主张，高校英语教学不应仅仅是语言技能的培养，而应该是培养全面发展的"合格公民"的重要组成部分。这种教学定位超越了传统的工具论，强调在语言学习过程中融入人文思想和价值观的教育。这样的转变意味着高校英语课程不仅关注语言知识的传授，更注重将英语作为一个平台，传递广泛的文化、历史和哲学知识，使学生在学习语言的同时能够形成正确的世界观和价值观。

这种教学理念的提出与实施，得益于教育者们对语言教学目标的深入思考和探索。例如，胡文仲教授提出的"英语专业应该回归人文学科本位"的观点，强调了英语教育在培养学生人文素养方面的重要作用。国内外许多学者和研究者对高校英语的通识教育化转向进行了深入研究。这些研究不仅证实了通识教育在高校英语教学中的可行性和必要性，而且为英语教育的改革提供了理论支持和实践指导。

（三）学术英语或专门用途英语论

学术英语（EAP）或专门用途英语（ESP）论基于对当前高等教育语言教学需求的重新审视，强调在大学阶段应更多地关注学术英语或专业领域的英语教学。根据这一观点，高校英语教育的重心应从传统的基础英语教学转向为学生提供与其专业领域相关的、更具应用价值的英语技能。这种转变源自对学生未来职业发展需求的考量，即认为学生在高中阶段已经具有了基本的英语能力，因此在大学阶段应更多地专注于培养学生在特定领域中运用英语的能力。

这种新型教学定位的提出，得到了诸如复旦大学的蔡基刚教授、北京外国语大学的刘润清教授等多位知名学者的支持。他们认为，高校英语教育应更注重学术英语的教学，帮助学生提升在学术研究、专业领域内交流的英语能力。这样的教学定位更符合当代社会和经济发展的需求，能够更好地为学生的职业生涯做准备。同时，这种转变也意味着高校英语教师需要对自身的教学内容和方法进行调整，以适应这种新的教学需求。教师需要具备更深入的专业知识和教学技巧，以便能够有效地教授学术英语或在专业领域内应用英语。总体而言，这种教学定位的转变标志着高校英语教育正逐步走向更加专业化和实用化的方向,以便更好地满足学生的实际需求和社会的发展趋势。

当前的高校英语教育教学定位问题呈现出多元化的特点,反映了教育界对于高校英语教学功能的深入思考和不断探索。一方面,大多数学者和一线教师认同英语作为一门外语的"工具性"本质,这一点在高校英语教学的实践中得到了广泛的体现。这种工具性强调英语在交流和专业学习中的实用价值,是高校英语教学的基本出发点。然而,随着社会经济的发展和基础教育水平的提高,高校英语教学的功能也在逐渐扩展。除了传授语言知识和技能之外,高校英语教育越来越多地融入通识教育的元素,注重培养学生的综合人文素养,这体现了对合格公民培养的重视。在这一过程中,高校英语教学不仅仅是语言技能的传授,更关注通过语言学习提升学生的文化理解力、批判性思维能力以及全球视野。

另一方面,随着高等教育对专业人才培养要求的提升,学术英语和专门用途英语在高校英语教学中的比重也在增加。这一趋势反映了教育者对于专业化、实用化教学内容的追求,旨在更好地满足学生未来职业发展的具体需求。然而,这并不意味着应该完全抛弃高校英语的基础教学或忽视其人文性。考虑到我国高等教育中存在的地区差异、学校办学水平差异以及学生个体差异,高校英语教学的功能定位不能是单一的,而应该是多元化的。不同地区、不同类型的高校以及不同水平的学生对高校英语教学的需求各不相同,这就要求高校英语教育能够灵活调整教学定位,以满足不同学生的学习需求。在基础教育和高等教育较为发达的地区,如北京、上海、广州,高校英语教学可以适当弱化其基础工具性功能,而更加强调通识教育和专业英语(EAP 或 ESP)的功能。这是因为这些地区的学生通常在高中阶段就已经具备较强的英语基础,因此大学阶段的英语教学可以更多地关注学术英语水平和专业技能的提升。而在基础教育和高等教育相对欠发达的地区,高校英语教学更应侧重于强化学生的语言基础,即基础工具性的功能。

高校英语教育的教学定位还应考虑不同类型高校以及学生群体的具体需求。例如，对于"985"高校和部分"211"高校而言，由于学生普遍具有较好的英语基础和更高的学术需求，高校英语教学可以更多地关注通识教育和专业英语的发展。相反，其他普通高校的英语教学更应注重加强学生的基础英语能力。即使在同一所高校内，不同学科背景和英语水平的学生对英语教学的需求也有所不同，这就要求高校英语教学能够灵活调整，以适应不同学生群体的具体需求。目前，许多高校已经采用分级教学模式，这一模式正是对高校英语教学功能定位多元化的响应，以便更有效地满足不同学生的学习需求，提高教学的针对性和有效性。

第二章 高校英语教育创新发展的理论支撑

第一节 高校英语教育创新发展的时代背景

一、全球化时代背景

(一) 全球化时代的概念与内涵

全球化时代是政治、经济、文化等多个方面的全球化时期，全球化描绘了一个日益紧密相连的世界。

1. 政治全球化

政治全球化是全球化的重要组成部分，它涉及国际政治力量的重新分配和国际关系的深刻变化。在政治全球化的背景下，国际组织，如联合国、世界贸易组织、世界卫生组织等的作用显著增强，它们在处理全球性问题，如气候变化、环境保护、人权保障等方面发挥着越来越重要的作用。跨国问题的共同应对也成为政治全球化的重要内容。例如，全球变暖、跨国犯罪等问题，需要各国政府和国际组织共同努力才能有效应对。在政治全球化的进程中，全球治理结构也在发生变化。一方面，传统的国家主权受到挑战，国家在全球治理体系中的作用和地位正在重塑；另一方面，非政府组织和跨国企业在国际事务中的影响力逐渐增强。这些变化表明，全球政治格局正在从单一国家中心向多元参与者共同参与转变。

2. 经济全球化

经济全球化是全球化过程中最为显著的一个方面，它极大地改变了世界经济的运行方式和结构。经济全球化的核心是经济活动的全球整合，主要表现为国际贸易和资本流动的增加、跨国公司的扩张以及全球生产网络的形成。在经济全球化的背景下，世界各国的经济联系更加紧密，全球市场一体化程度不断提高。这使得各国的经济运行越来越受到全球经济环境的影响，经济政策和决策更加受到国际影响。同时，经济全球化也带来了一系列挑战，包括国际经济不平衡发展、贫富差距扩大以及对发展中国家的不利影响等。这些问题需要各国在全球范围内的协调和合作来解决。

3. 文化全球化

文化全球化则涉及文化的交流和多样性，这在全球化时代表现得尤为突出。随着交通的日益发达和通信技术的迅速发展，不同国家和地区的文化更容易传播和接触。这种文化的交流和碰撞促进了文化的多元共存，展现了世界文化的多样性。人们可以更容易地接触和了解其他国家和地区的文化，促进了全球文化意识的形成。然而，文化全球化也带来了一系列挑战，其中较为严重的是文化同质化和本土文化保护的问题。随着全球文化的交流，一些主导文化可能对较弱势文化产生冲击，导致本土文化的流失。因此，在文化全球化的过程中，如何保护和传承本土文化，同时促进不同文化之间的对话和共融，成为一个重要的议题。

(二)全球化对高校英语教育发展的影响

1.教学内容和教学方法的变革

全球化推动了高校英语教育教学内容和教学方法的变革。在全球化背景下,英语不再仅仅被视为一种语言学习的对象,而是作为理解和参与全球事务的重要工具。这要求高校英语教育不仅要传授语言知识,还应包括全球文化、国际事务、跨文化交际等内容,以帮助学生更好地理解全球化背景下的多元文化和国际环境。同时,教学方法由传统的语法讲授和书本学习,转向更加注重实际应用、交互式学习和批判性思维的培养。这种教学方法变革鼓励学生通过项目合作、案例研究和国际交流等方式,积极参与全球化进程,从而更深入地理解语言在实际使用中的功能。

2.对学生能力要求的提升

全球化要求高校学生提升英语能力。随着全球经济一体化和国际交流的加深,高校毕业生越来越多地面临国际化的工作环境和跨文化的交流场景。这不仅要求学生具备流利的英语交流能力,还要求他们能够在不同文化背景下有效沟通和协作。因此,高校英语教育需要重视提升学生的跨文化交际能力、国际视野和全球意识。这意味着英语教育不仅是语言技能的培养,更是全面能力和国际素养的培育。在这一过程中,学生应通过参与国际交流项目、多文化团队合作等活动提升自己的全球竞争力和适应力。

二、多元化时代背景

(一)多元化时代的概念与内涵

多元化时代是一个体现文化、价值观和社会结构多样性的时期。在这一时代背景下,全球化和技术进步促进了不同文化和社会的交流与融合，同时带来了观念和生活方式的多样性。多元化时代的特征包括文化多样性的增加、价值观念的宽容和接纳以及社会角色和身份的多元化。这一时代鼓励个体表达和尊重自身的独特性，也强调社会包容性和不同群体的平等。在经济和技术层面，多元化时代推动了市场和工作场所的多样化，促使个体和组织适应不断变化的全球环境。这一时代对教育行业、媒体行业提出了更高的要求，即它们必须反映和尊重多元文化的平等性、交往性及差异性、内聚性。

1. 文化的平等性和交往性

在多元化时代的文化观念中，文化的平等性和交往性是其两个重要原则。多元文化观念强调，由于社会由不同的民族和群体组成，这导致文化的多样性。在这种多样性中，每种文化都具有其独特价值，并不存在优劣之分，因此每种文化都应享有平等的生存和发展权利。同时，文化的交往性是多元文化共存和发展的基础。这意味着在一个区域联合体、社会共同体或群体等系统内，不同文化间的交流和互动是必不可少的。这种文化间的相互联系和交往不仅是多元文化形成的必要条件，也是其持续存在和发展的基础。

2. 文化的差异性和内聚性

在多元文化的视角下，文化的差异性和内聚性是文化共存并发挥重要作用的两个关键特征。每个民族或群体在其独特的历史、生产和生活过程中都形成了自己特有的文化，这些文化在不同的区域、社会阶层和历史时期展现出各自的特色和多样性。这种文化的差异性是社会发展的自然结果，反映了人类社会丰富多彩的文化景观。文化的内聚性体现在不同文化之间的共性和相互借鉴的可能性。尽管各种文化彼此间具有差异性，但它们也具有共同点，并在此基础上实现共存和共融。这种对文化差异性的尊重和对共性的寻求，不仅促进了文化间的相互理解和交流，还提供了处理不同文化间相互关系的有效方法。因此，多元文化的实质目的并非突出某一种文化的优越性,而是促进不同文化间的和谐共存,共同促进人类社会的全面发展。

(二)多元化对高校英语教育发展的影响

多元化对高校英语教育的影响在于推动了多元文化教育的实施,这种教育理念致力将民族多样性和文化多元主义融入教育体系中。在高校英语教育中,这意味着课程和教学方法应该反映并尊重文化和民族的多样性,教育学生认识并欣赏这种多样性。多元文化教育促使教师和学生超越对单一文化或民族视角的依赖,转而接受并理解不同的文化背景和生活方式。这种教学方法不仅增加了教学内容,也为学生提供了更为开阔的国际视野,能够帮助学生更好地理解和适应多元化的国际社会。

在高校英语课堂上,多元文化教育的实践意味着教师要充分利用包含多种文化背景的文本和材料以及鼓励学生从不同文化角度进行讨论和思考。这种教学方式不仅增强了学生的语言技能,更重要的是培养了他们的跨文化交际能力和批判性思维。通过对不同民族群体的历史文化遗产、生活方式以及价值体系的了解,学生能够更深入地认识到文化差异的价值,并在此基础上形成包容和尊重多样性的态度。也就是说,这种教育不仅仅是为了教授一门语言,更是为了培养能够在多元化世界中有效交流和协作的全球公民。

三、大数据时代背景

(一)大数据时代的概念与内涵

大数据时代是由信息技术的快速发展和互联网的普及所催生的一个新时代,其核心特征是数据量的巨大增长和数据类型的多样化。在这个时代,数据不仅以前所未有的速度增长,而且包括各种形式和来源的信息,如文本、图像、视频和社交媒体数据等。这些数据的增长速度如此之快，以致传统的数据处理方法已无法满足新时代的需求。因此，大数据时代要求创新的数据存储、管理和分析技术，以便从海量的数据中提取有用的信息。大数据的价值密度分散特性意味着在庞大的数据集中，真正有价值的数据可能只占很小的一部分。因此，有效的数据挖掘和分析技术是大数据时代的关键技术，这些技术使人们能够从大量的数据中筛选出有价值的信息，从而支持决策和产生新知识。

在大数据时代，人们的思维方式和生活方式也发生了根本的变化。由于数据的海量性和多样性，人们更加依赖数据来理解和解释世界，这导致了从单纯追求精确性向接受和利用混杂数据信息的转变。在这个时代，人们逐渐意识到，要全面理解和预测复杂现象，就需要分析和解释大规模的数据集。大数据时代的数据呈现方式也发生了变化，数据可视化变得越来越重要。通过数据可视化，复杂的数据集可以以更直观、更易于理解的方式呈现，从而帮助人们更快捷地获取信息。

（二）大数据对高校英语教育发展的影响

大数据对高校英语教育的影响体现在促进教学内容和方法的创新上。通过对教学过程中产生的大量数据进行分析，教师可以更准确地把握学生的学习需求和偏好，从而有针对性地调整教学策略。例如，数据分析可以揭示哪些教学内容或活动最能吸引学生的注意力，哪些教学方法对提升学生的学习效果最为有效。这种基于数据的结论使得教师能够更灵活地调整教学内容和方法，以更好地适应学生的学习风格和需求。同时，大数据的应用也为个性化教学提供了可能。教师可以根据学生的学习进度、能力和兴趣，提供定制化的学习资源和支持，从而使教学更加高效和个性化。

大数据对高校英语教育发展的影响还体现在教学评价方式的变革上。传统的高校英语教学评价常常依赖专家的主观判断，这种方法虽然考虑了课堂环节设计、教学活动与目标的契合度等因素，但往往忽视了学生的情感体验和实际听课效果。大数据的运用改变了这一现状，它通过收集和分析教师授课和学生听课过程中产生的实际数据，为教学质量的评估提供了客观、量化的依据。这种基于数据的评价方式能够更全面地反映课堂教学的实际情况，包括学生的参与度、兴趣、反应和学习效果。因此，大数据在高校英语教学中的应用，不仅使教学评价更加客观和科学，而且有助于发现课堂教学中的问题，从而指导教师改进教学内容和方法。

综上所述，大数据在高校英语教育中的运用不仅提高了教学评价的科学性和准确性，还推动了教学内容和方法的创新，有助于提升整体的教学质量和效果。

第二节 高校英语教育创新发展的基本原则

一、思想性原则

高校英语教育的重点不仅要包括语言知识的传授，更应包含人文素养的培养。思想性原则要求教师在传授语言技能的同时，也要注重德育内容的融入，确保教学内容的健康和正确性。在这个过程中，教师被赋予了重要的教学使命，他们需要具备敏锐的思想觉悟和强烈的责任感。在具体的教学过程中，他们不仅要教授语法规则和词汇，更要引导学生树立正确的价值观和世界观。这种教育方式远远超越了传统的语言教学方式，它注重通过语言学习培养学生的思想品德和文化态度。

在具体的教学活动中，教师可以利用各种教学资源和活动实现这一目标。例如，通过研究和讨论英语文学作品的主题和人物，学生不仅能够提高语言能力，还能深入理解和欣赏不同文化背景下的思想观念。教师还可以组织学生探讨与英语国家相关的历史事件、社会现象，让学生在了解这些内容的同时，形成对全球化世界的深刻认识和正确看法。实践证明，这种教学方式有助于学生理解文化多样性，能够培养国际视野，并在学习过程中建立积极、健康的世界观。通过这样的教学方式，英语教育不再局限于单纯的语言教学，而成为一种全面的精神和文化教育，能够使学生在掌握语言技能的同时形成良好的思想观念。

二、针对性原则

高校英语教育创新发展的针对性原则意味着，在高校英语教育中教学策略和内容需根据学生的个体差异进行调整，以有效提升教学效果。在传统的教学模式中，教学内容的设置往往呈现出一种标准化趋势，这种做法虽然在管理和实施上具有便利性，却忽视了学生个体间的差异，包括智力水平、学习能力和性格特点的不同。为了解决这一问题，教师应致力开发和实施更加灵活多样的教学方法。教师需深入了解每位学生的特点，根据他们的具体需求制订教学计划和设计教学活动。这种教学方法的转变不仅仅是内容上的调整，更是教学理念和策略上的革新。它要求教师放弃一刀切的教学方式，转而采用更具个性化和创造性的教学策略，从而激发学生的学习热情，提高他们的英语水平。

在实践针对性原则的过程中，教师不仅需要在教学内容上做出调整，还应在评价体系上实现个性化。传统的评价方式往往以统一的标准衡量所有学生的学习成果，这种方法不能全面反映学生的实际学习情况和进步。因此，高校英语教育应采用差异化的评价体系，重视对学生个体学习过程的观察和评价。这种评价方法不仅关注学生的最终成果，还重视他们的学习进程和努力程度。通过这种方式，教师能更准确地了解每个学生的学习状况，及时调整教学方法，有效促进每个学生的个性化发展。这样的教学和评价方式能够使学生在学习英语的过程中产生成就感，从而更加积极地投入学习中，最终实现个人潜能的充分发挥和个性化成长。

三、趣味性原则

高校英语教育创新发展的一个关键原则是趣味性原则。这一原则强调，为了提高学生的学习兴趣和参与度，教学过程应融入各种有趣的元素和活动。趣味性原则基于认知心理学的理论，认为学习兴趣是人们学习的重要驱动力。在英语教学中，趣味性可以通过多种方式实现，如运用生动的教学材料、丰富的教学手段以及互动性强的学习活动；还可以引入与学生生活经验相关的话题、有趣的英语电影和音乐以及角色扮演等互动游戏，使学习内容更加贴近学生的实际生活，从而激发学生的学习兴趣。

趣味性原则在高校英语教育中的应用还体现在创新教学内容的设计上。为了满足学生的兴趣和需求，教师应不断探索和创新教学内容，使之既有教育意义又具有吸引力。这可以通过结合学生的兴趣爱好、时事热点、跨文化交流等内容实现。例如，教师可以安排一些与国际时事、流行文化、科技创新相关的讨论和研究项目，使学生在探索有趣话题的过程中提高英语语言能力。

四、情感性原则

情感性原则在高校英语教育创新发展中扮演着至关重要的角色。这一原则强调教育过程中情感因素的重要性，即教师在授课过程中不仅应传授知识，还应注重培养和激发学生的情感体验。根据情感性原则，有效的教学不仅是知识的传递，更是情感的交流和共鸣。这意味着教师需要在课堂上创造一个充满积极情感的环境，使学生在轻松愉悦的氛围中学习。为此，教师应具备高度的情感意识和情感表达能力，能够通过语言、肢体语言和教学内容的安排激发学生的兴趣和情感。比如，通过讲述生动的故事、分享实际经验或展示富有感染力的教学材料，教师可以引导学生体验和理解英语语言背后的文化和情感内涵。情感性原则还要求教师关注和理解学生的情感需求和感受，通过互动交流、反馈和支持建立积极的师生关系。

情感性原则在教学内容和方法的设计上同样发挥着重要作用。在英语教学中，选择能够引发学生情感共鸣和反思的教学内容至关重要，包括与学生生活经验相关的话题，具有情感深度的文学作品、影视作品等。通过这些内容的学习和讨论，学生不仅能够提高语言技能，还能在情感层面上与所学内容产生联系，从而更加深入地理解和吸收知识。同时，采用富有创新性和情感性的教学方法，如情景模拟、团队合作项目等，也能有效提升学生的情感参与和学习动力。这种教学方法有助于学生在实际应用中体验语言的情感表达，增强其语言运用的真实性和有效性。

五、就业导向原则

高校英语教育的创新发展在当前社会背景下越发强调就业导向原则，这一原则的核心在于使教学内容和方法紧密结合学生未来的职业需求和发展。就业导向原则要求教学不局限于理论知识的传授，而是更加侧重于知识与技能在职业领域中的实际应用。这意味着教师在设计课程和教学活动时，需要考虑学生未来的就业市场和行业需求，确保所教授的知识与技能能够与学生的职业发展紧密相关。例如，高校英语教学除了基础的语言技能培养，还应包含与特定职业领域相关的专业英语教学，如商务英语、科技英语，以及相关的实际应用场景模拟和案例分析。

就业导向原则还强调理论与实践的结合，以通过提供实际操作和实习机会，帮助学生实现从学校到职场的"零过渡"。这意味着高校应与行业企业建立合作关系，为学生提供实习机会，使他们能够在学习期间就接触到未来工作中可能遇到的实际问题和挑战，积累工作经验。高等院校可以通过校企合作项目、实习安排、职业技能训练等方式，使学生在学习英语的同时，掌握与其专业领域相关的实际工作技能和行业知识。这种教学模式不仅有助于提升学生的职业技能和就业竞争力，还能够促进学生对专业知识的深入理解和应用能力的提高。因此，就业导向原则在高校英语教育创新发展中起着至关重要的作用，它将有助于教育与职业市场紧密结合，为学生的未来职业生涯打下坚实的基础。

第三节 高校英语教育创新发展的理论依据

一、人本主义理论

作为20世纪中叶心理学领域的一个重要流派，人本主义理论提出了革命性的观念。其核心思想是将个体视为一个独立的整体，特别强调个人的主观体验、自我实现和个性发展的重要性。这种理论主张在教育过程中强调以学生为中心，而不是单纯依赖知识的灌输和记忆。在人本主义的视角下，教育不再仅仅是知识的传授，而成为一种促进个人内在潜能发展和自我实现的过程。它鼓励教育者关注学生的个体差异，理解每个学生的独特需求和兴趣，从而提供更加个性化的教育方案。这种方法倡导学生在学习过程中发挥主动性，通过探索和实践增进自我理解和个人成长。[①] 人本主义理论还强调情感与认知的平衡，认为情感教育和心理健康对于学生的全面发展同样重要。它提倡建立一个开放、互相尊重的学习环境，其中教师不仅是知识的传授者，也是学生个人成长的引导者和支持者。

（一）整体发展观

人本主义教育理论倡导的整体发展观，强调知识学习与情感发展的平衡，将这两者视为教育过程中不可分割的组成部分。在这种理念下，教育的目标不局限于传授学科知识和技能，而更加注重培养学生的独立思考能力、情感智慧和人际交往能力。这要求教育者在课程设计和教学

---

① 赵同森. 解读人本主义教育思想[M]. 广州：广东教育出版社，2006：56-60.

实践中综合考虑学生的认知发展和情感成长，以及他们在社会互动中的表现。

人本主义教育理论还强调对学生个体差异的尊重和理解，认为每个学生都有其独特的学习方式和情感需求。因此，教育者应当提供多样化的教学方法和活动，以适应不同学生的特点和兴趣。通过这种个性化的教学方法，学生可以在一个支持和关怀的环境中成长，从而形成一个全面均衡的世界观，并具备适应社会变化和终身学习的能力。整体发展观不仅有助于学生在学术上的成就，还能促进他们在情感、社交和心理健康方面的发展，使他们成为具有全面素质和能力的人。

（二）自主探索观

人本主义教育理论中的自主探索观强调在教育过程中创造一个自由且有意义的学习环境。这种环境鼓励学生通过自我探索和发现构建自己的知识体系，而不是被动地接受教师的知识灌输。在这样的学习环境中，教师的角色更多的是学生学习的伙伴和引导者，他们的任务是激发学生的学习兴趣，提供必要的支持和资源，帮助学生在学习过程中发现问题、解决问题。

自主探索观下的教学方法不仅注重知识的传授，还注重学生在学习过程中的主动性和创造性。这种教学方法促进了学生对学习材料的深入理解和内化，使得学习过程成为一种自我探索、实现个人价值的旅程。这种教学模式还有助于培养学生的批判性思维能力和解决问题的能力，为他们未来的学习和职业生涯奠定坚实的基础。换言之，自主探索观提倡的是一种更加灵活、个性化且以学生为中心的教学方法，它不仅仅能满足学生对知识的需求，更能满足他们对自我探索和个人发展的渴望。

二、多模态理论

多模态理论探讨了人们在沟通过程中使用的多种符号系统。这一理论认识到，在日常交流中，人们不仅依靠语言表达和理解信息，还融合了图像、声音、手势等多种符号资源。多模态理论的核心在于强调不同符号资源在交流中的综合作用和相互影响，指出这些不同的模态共同参与了意义的构建和理解过程。

在多模态理论中，每一种模态都被视为一种独立的交际资源，它们各自承载着特定的信息和表达方式。例如，视觉图像可以传达复杂的情感和环境背景，而声音和音调则能传递情感强度和语气的变化。手势和身体语言更是在非言语交际中扮演着重要的角色。这些不同的模态在交流中相互补充，共同构成了一个更为丰富和细腻的意义传递系统。多模态理论还指出，不同文化和社会背景下的交际模式可能有所不同，这意味着多模态交流是一种动态和多元的过程。理解和解读这些复杂的交际信息，需要人们对不同模态的功能和用法有深入的了解。在实际应用中，多模态理论在教育、广告、媒体等领域显示出巨大的潜力，它促进了跨文化交流，丰富了信息的表达形式，并增强了信息的传播效果。

（一）多模态理论基本内容

1. 多模态话语形式

多模态话语形式理论专注于探讨媒介是如何通过其结构和组织方式表达意义的。在这个理论框架下，媒介并没有固有的意义，而是通过它们的特定组织形式和模式化来构建和传达意义。[①] 在这一理论中，某些媒介元素，如语言中的象声词，可以直接赋予符号以特定的意义，这些符号往往具有较强的直观性和与形式直接相关的意义，但由于缺乏灵活性和任意性，其应用范围相对有限。更复杂的媒介组织方式则类似于语言学中的语法系统，涉及不同媒介符号的组合和排列，以赋予新的意义。这种符号系统具备任意性、能产性和双分性，使得它们能够在更广泛的范围

---

① 朱丽.多模态话语理论与英语教学研究[M].石家庄：河北人民出版社，2019：77-83.

内应用。例如，与语言中词汇单元通过语法规则组合形成复杂句子的方式类似，其他媒介如图像、声音也展现出类似的结构，即元素（如图像形体、声响形体）和组合规则（如图像语法、声响语法）的结合。使用这种结构化的媒介能够使得多模态交际以更丰富和复杂的方式表达信息。

多模态话语形式理论强调，无论是传统的语言符号还是非传统的媒介符号，都存在着相似的组织和结构特征。这些特征不仅允许各种符号在各自的领域内独立工作，而且使得它们能够在跨媒介交流中相互作用和互补。这种跨媒介的相互作用为理解和创造复杂的交际内容提供了丰富的资源，使得信息的传递更加细腻和多层次。通过这种方式，多模态话语形式理论为解读和构建多维度交际信息提供了一个全面而深入的分析框架。

2. 话语形式之间的关系

多模态理论中模态之间的关系可以分为互补关系和非互补关系，这些关系定义了不同模态如何相互作用以表达意义。

（1）互补关系。在互补关系中，通常一个模态为主导，而其他模态则发挥辅助和强化的角色。在这种关系里，次要模态的作用是强调、补充或扩展主要模态传达的核心信息。例如，在口头演讲中，语言是主要交际手段，而面部表情、手势等非语言元素则增强和丰富了语言的表达。互补关系的特点在于主次模态间存在明确区分，其中主要模态承担信息的主体，次要模态提供背景或辅助信息。

互补关系可以进一步细分为强化关系与非强化关系，强化关系又分为突出关系、主次关系和扩充关系，这些子关系描述了次要模态如何具体补充和增强主要模态的信息。非强化关系则涉及多种模态间的相互依赖和补充，这里不再有明显的主次之分。在这类关系中，每个模态都是构成整体意义的重要部分，缺一不可。例如，在电视新闻报道中，声音和图像的结合共同为观众提供全面的信息。非强化关系又可分为交叉、联合和协调等类型。交叉关系指不同模态交织在一起，共同表达完整的意义,如在行动时讲解行动的过程;联合关系则指在同一模态中不同类型媒介的结合;协调关系强调不同模态的协同作用,如视频中声音和图像的紧密结合,共同传达信息。

(2)非互补关系。在多模态话语形式理论中,非互补关系描述了那些模态间在表达意义时不发挥补充或强化作用的相互关系。这种关系类型展现了模态间不同的相互作用方式,如交叠和内包关系。

交叠关系指的是当两种或多种模态同时出现,但并不相互补充或强化时所形成的关系。在这种关系中,各个模态所提供的信息往往是重复或冗余的,没有为主要模态提供额外的意义或深度。例如,在多模态演示中,如果演讲者的口头语言仅仅是重复幻灯片上的内容,则语言和视觉模态之间就构成了交叠关系。这种模态的并列可能导致信息的重复,甚至可能在某些情况下引起不同模态之间的冲突或矛盾。在交叠关系中,第二种模态通常只是对第一种模态的一个简单呼应或复制,而不是提供新的视角或深入的解释。这种关系可能在信息传递中产生冗余,但在某些情况下,如重要信息的强调或复习中,交叠关系可能是有意为之,以确保信息的清晰和记忆。

内包关系则是指在多模态交际中,一种模态对整体意义的表达没有增加贡献,而是仅仅提供了更具体的信息。这种关系可进一步分为"整体与部分"和"抽象与具体"的子关系。在"整体与部分"的关系中,一个模态呈现的是整体概念的一部分,如在讨论动物时展示的具体动物行为图像,这里图像并没有提供新的概念,而是对口头描述中的内容进行了具象化。而在"抽象与具体"的关系中,一个模态是将另一个模态中的抽象概念具体化,如在讨论"水果"时出现的具体水果图像。这种关系使得抽象的概念变得更加形象和具体,尽管它不增加新的信息,但有助于更深入地理解和记忆抽象概念。内包关系在多模态交际中常见,它通过具体化抽象概念或展示整体概念的一部分,提高了信息的可接受性和易理解性。

(二)多模态理论教学应用

多模态理论在教学应用中的主要表现可以从内容层面、表达层面和文化层面来探讨。

1. 教学内容的多模态构建

在内容层面,多模态理论强调利用各种模态资源传递教学信息和教育意图。这一层面的意义构建不仅考虑教学语境的因素,如课堂环境、学生与教师的互动关系,还涵盖了多种模态资源的运用,包括语言文字、图像、声音、动作等。每种模态都能承载特定的教学信息,相互协作,以增强教学内容的表达力和吸引力。例如,在科学课程中,文本可以提供理论基础,图像和模型可以展示复杂的科学现象,视频和声音素材则可以用来模拟实验过程,提高学生的学习兴趣和理解深度。通过这种多模态的内容组合,教学信息变得更加丰富和具体,帮助学生从不同角度理解和吸收知识。

2. 教学表达的多模态策略

在表达层面,多模态理论指导教师如何选择和利用不同的媒介形式传递教学内容。这些媒介形式包括文本、声音、图像、动作等,它们共同构成多模态教学的物质基础。在教学过程中,媒介的选择和使用方式对学生的学习效果和理解有着直接的影响。例如,在语言课程中,除了传统的文本和口头解释,教师还可以通过影视材料、互动软件和角色扮演等多种方式增强学生的语言学习体验。这样的多模态教学方法不仅能够吸引学生的注意力,还能帮助他们在多种感官体验中更好地掌握和运用新知识。

3. 教学文化的多模态融合

在文化层面,多模态理论强调教学内容和方法应与学生的文化背景和认知习惯相适应。这一层面涵盖意识形态和体裁两个方面。意识形态反映教学过程中的思维模式、价值观和社会习俗等因素,这些因素构成了多模态教学的深层基础。体裁则指明了教学过程的结构和程序，规定了教学的形式和风格。例如，不同文化背景下的学生可能对不同的教学模态有不同的偏好和接受度，教师可以根据学生的文化特点和学习习惯，灵活调整教学策略和内容。通过这种文化层面的多模态融合，教学不仅能够更加贴近学生的实际需要，还能促进不同文化背景下学生的交流和理解。

三、社会文化理论

社会文化理论是一种心理学理论，它强调认知发展与社会文化背景之间的密切联系。根据这一理论，个体的认知发展并非孤立发生的，而是在社会互动和文化环境的深刻影响下进行的。这一理论认为，人类的心理机能最初受到客观事物的控制，随后逐渐发展到受他人影响，并最终实现自我调控的能力。语言在这一过程中扮演着重要的角色，它不仅是沟通和交流的工具，也是思维和认知发展的关键媒介。社会文化理论还强调学习本质上是一个社会性过程。学生在与周围的社会环境互动中学习和发展，这种互动包括与同伴、教师、家庭成员及更广泛的社会成员的交流。通过这些互动，学生不仅学习到特定的知识和技能，还学会了如何思考、解决问题和理解世界。教育者应当鼓励这种社会互动，以促进学生的全面发展。因此，教育者应重视学生的社会文化背景，利用这些背景中的资源促进学生认知和社会的发展。

（一）社会文化理论基本内容

1.心理发展观

在社会文化理论中，心理发展被视为一个深受社会历史环境和文化知识影响的过程。这一理论强调，人类的心理发展不再仅仅受制于生物进化的规律，而在很大程度上由社会历史的发展所决定。工具的使用，尤其是语言和其他文化工具，使得人类能够吸收和利用社会文化知识，从而改变了人类的适应方式。这种社会文化知识的积累与传递，为人类的心理发展提供了独特的途径。"内化"是社会文化理论中的一个核心概念，描述了个体如何将外部世界的经验和资源转化为内在的心理结构的过程。这个过程不仅影响个体的心理发展，还反映了社会的发展趋势。通过内化，个体能够将社会文化环境中的知识、规则和技能转化为自己的认知和行为模式。这种转化过程使得个体能够超越直接经验，发展更为复杂和高级的心理功能。

在儿童的心理发展中，社会文化理论特别强调社会互动的重要性。所有高级心理机能最初都是在社会活动中形成的，随后这些机能内化为儿童的个人思维方式和心理结构。儿童通过与他人的互动，如与家长、老师和同伴的交流，不仅学习具体的知识和技能，还发展了复杂的思维模式和解决问题的能力。这种社会互动的过程是儿童心理发展的关键驱动力。它促进了儿童的认知和情感发展，使他们能够更好地适应社会环境，理解和应对生活中的各种挑战。

2.人类高级心理机能发展理论

（1）社会文化因素在高级心理机能发展中的作用。在人类高级心理机能的发展中，社会文化因素起到了关键的作用。这种观点认为，人类高级心理机能的发展不仅是生物进化的结果，更多的是社会文化环境影响的产物。在个体成长的过程中，尤其是儿童时期，通过与成年人的互动和使用语言这一核心的中介工具，儿童能够从较低级的心理机能发展到更高级的心理机能。语言不仅是交流沟通的工具，更在认知加工中发挥着特别重要的作用。在这个发展过程中，高级心理机能的发展被视为一个持续的内化过程。这一过程涵盖从简单心理机能到复杂心理机能的转变，其中语言和符号起着至关重要的中介作用。在这种转变中，外部的社会文化活动通过内化被转化为个人的内在心理功能。转化的中介可以是具体的物质工具，也可以是符号系统，甚至是社会互动中的行为模式，它们都对个体的认知发展和心理成长产生深远影响。

（2）高级心理机能发展的阶段性过程。在高级心理机能的发展过程中，其阶段性特征显得尤为重要。在心理发展的早期，儿童主要处于物体控制阶段，这一阶段他们对外界事物的控制能力相对有限。随着成长，儿童逐渐进入他人控制阶段。在这一阶段，儿童在成人的指导下，通过社会互动和言语中介，开始学习如何控制和理解他们的环境。这一阶段的关键在于儿童如何通过社会互动学习和内化复杂的任务。最终，儿童发展到自我控制阶段。在这一阶段，他们能够独立完成任务，并对自己的行为和思维进行有效的自我调节。这一理论为理解人类心理发展提供了一个社会文化的视角，突出了语言和社会互动在个体认知和心理发展中的核心作用。个体在其社会文化环境中如何逐步内化和发展高级心理机能，成为该理论的一个重要焦点。这一理论为教育实践、心理咨询和认知科学等领域提供了理论基础和实践指导。通过深入理解这一理论，人们可以更加清晰地认识到社会文化环境对个体心理发展的重要性，以及教育和社会环境对个体成长的深刻影响。

3.思维和语言理论观

（1）思维与语言的密切联系及其发展过程。在探讨思维和语言的关系中，思维和语言理论观强调，虽然思维和语言是两个独立的心理过程，但它们在个体发展中是密切相关且互相作用的。语言不仅作为交流的工具存在，更在思维发展中扮演了重要角色。儿童在成长过程中通过与周围人的互动学习语言。这一过程不只是语言规则的掌握，还涵盖了认知能力的发展。语言的发展历经多个阶段：最初，语言主要服务于社会交流的目的；随着个体的成长，语言逐渐转变为思维的工具，发展为内部语言。这一转变过程涉及从外部的社会性语言到自我中心语言，最终演化为内部语言，后者是个体内在思考的体现，反映了个体心理活动的深度和复杂性。

（2）认知发展中思维与语言的互动。在认知发展过程中，思维和语言之间的相互作用显得尤为关键。所有基础的认知活动都被视为在社会历史背景下形成，并且是社会历史发展的产物。这表明个体的思维技能和认知模式并非完全由先天因素决定的，而是在社会文化活动中逐渐形成的。通过参与社会文化活动，个体不仅学习语言，还发展了解决问题和理解世界的能力。儿童在学习说话过程中的自言自语现象就是一个典型例证，显示了思维和语言的交互作用。自言自语对儿童而言是一个将语言作为工具组织思维和指导行动的过程。这种行为是从外部社会语言到内部思维语言转变的一个过渡阶段。随着儿童的成长，自言自语逐渐内化成为内部语言，成为思维过程的一部分，反映了儿童在认知发展过程中如何逐步融入社会文化背景并形成复杂的思维模式。

（二）社会文化理论教学应用

1. 思维和语言理论在认知能力教学中的应用

维果茨基（L. Vygotsky）的思维和语言理论为教学提供了深刻的见解，特别是在理解个体如何在社会文化背景下发展认知能力方面。这一理论强调语言在个体认知发展中的核心作用，以及社会文化环境对思维发展的深刻影响。在教学实践中，教师可以利用这一理论设计课程和活动，帮助学生通过语言和社会互动发展其思维能力。例如，教师可以鼓励学生参与讨论、辩论和叙述故事等活动，这些活动不仅提高了学生的语言能力，还促进了他们的逻辑思维和创造力。教师还可以通过多样化的教学方法，如情景模拟和项目式学习，激发学生的思维活动和创造力。这样的教学方法使学生能够在实际情境中应用知识，增强其解决实际问题的能力。通过将这一理论应用于教学，教师不仅可以促进学生的认知发展，还能帮助他们理解并适应多元文化的社会环境。

2. 人类高级心理机能发展理论在教学中的应用

人类高级心理机能发展理论在教学中的应用，关键在于如何将这一理论融入教学策略和实践。这一理论强调，高级心理机能，如批判性思维、解决问题的能力以及自我调节等，是在社会互动和文化环境的影响下形成和发展的。因此，在教学实践中，教师应重视创建一个促进这些能力发展的环境。

（1）促进社会互动的合作学习活动。教师通过设计基于合作的学习活动，如小组讨论、团队项目和同伴评价，能有效促进学生间的社会互动。例如，在小组讨论中，学生被鼓励分享观点、辩论和构建共识，这不仅促进了思想的交流，还锻炼了他们的沟通和团队合作能力。在团队项目中，学生共同承担任务，学习如何分工合作、解决冲突，并共同承担责任。这些活动不仅提升了团队合作能力，还促进了解决问题能力的发展。同伴评价则让学生参与评估，学习如何给出和接受建设性的反馈，这对于发展批判性思维和自我反思的能力尤为重要。这些合作学习活动，通过实践的方式，帮助学生学会在多元观点中思考，增强理解和应对复杂问题的能力。

（2）强调学生主动参与的教学方法。将学生主动参与和自我引导融入教学方法中，可以显著提高学生的学习动力和效果。例如，教师可以邀请学生参与课程设计，让他们提出感兴趣的主题或活动，这种方法不仅提高了学生对学习内容的兴趣，还让他们感到被重视和尊重。通过设置个人学习目标和进行自我评估，学生能够更好地理解自己的学习进度和需求，从而有效地规划学习路径。这种自主学习的方法鼓励学生从被动接受知识转变为积极探索和构建知识，培养了他们的自我管理能力和独立思考能力。这不仅对学生的学术成长有益，还对他们未来在社会和职业生涯中的自我驱动和自我调节能力的发展至关重要。

（3）利用多样化文化工具丰富教学内容。教师应利用多样化的文化工具和资源丰富教学内容，如文学作品、历史文献、科技工具等。这些工具不仅是传播知识的媒介，更重要的是它们承载着文化价值和历史经验。例如，通过文学作品，学生可以了解不同文化和历史背景下的人类经验和价值观。历史文献的引入可以帮助学生理解社会变迁和历史发展，培养他们的历史意识和批判性思维。科技工具,如互联网资源和多媒体,可以提供丰富多样的学习材料和互动体验,使学习变得更加生动和切合实际。通过这些工具,学生不仅能够获得知识,还能够理解和内化复杂的社会文化概念,促进他们的全面发展。教师应鼓励学生批判性地分析这些资源,理解其背后的文化和历史背景,从而能够深入地理解和独立地思考。

3.社会文化理论在教学中的应用

社会文化理论在教学实践中的应用强调了社会互动和文化工具在促进学生认知发展上的重要性。运用这一理论,教师可以设计更有效的教学策略和课堂活动。例如,通过组织小组合作学习、角色扮演和开放式讨论等形式,教师能够创造一个丰富的社会互动环境。这样的环境鼓励学生将社会活动转化为个人的认知进步。在这个过程中,学生通过与同伴的合作与交流,不仅学习了知识,还培养了团队合作、批判性思维和解决问题的能力。同时,教师也应重视文化工具的教学作用。图书、网络资源和多媒体等工具不仅是传播知识的媒介,还承载着文化和社会经验,它们可以作为连接外部世界和学生内在思维的桥梁,促进其认知和心理发展。教师应关注学生的文化背景,利用这些背景资源丰富教学内容,使教学更加贴近学生的实际生活和经验。

第四节 高校英语教育创新发展的具体要求

一、创新教育理念

(一)高校英语教育的本质

高校英语教育的本质在于两个方面:一是作为语言教育,培养学生运用英语的能力;二是作为文化教育,增进学生对英语文化的理解。

高校英语教育的重点是提升学生的语言运用能力。这不仅涉及语言的基本构成教育，如语法、词汇、发音等教育，也包括听、说、读、写等语言技能的综合教育。高校英语教育的目的是使学生能够有效地在多种场景中使用英语，包括日常交流、学术研究、商务沟通等。在这一过程中，学生不仅学习语言本身，还学习如何在实际情境中灵活运用语言，以达到沟通和理解的目的。高校英语教育同样是一种文化教育。语言是文化的载体，通过英语教育，学生不仅学习一种语言，还接触和理解英语国家的文化、历史、价值观和社会习俗。这种文化教育有助于学生理解和尊重英语国家的文化，拓宽国际视野。通过学习英语，学生能够更深入地了解不同的文化背景，这对于他们在全球化世界中的交流和合作具有重要意义。

（二）"以学生为中心"的教育理念

高校英语教育的创新发展就是要实施以学生为中心的教育理念，这一做法在理论上深受建构主义和人本主义心理学的影响。建构主义理论认为，知识不是被动接受的，而是通过个体与环境的互动主动构建的。在这种观点下，学生的学习被视为一个主动构建知识的过程，而教师的角色是提供一个支持学生主动探索和建构知识的环境。教育活动应该围绕学生的经验和现有知识构建，鼓励他们通过实际操作、探索和反思来学习。

人本主义心理学则强调每个个体的独特性和自主性。在教育领域，这意味着教学应当尊重每个学生的个人特点、兴趣和需求，支持他们的个人成长和自我实现。人本主义心理学鼓励教师创建一个温馨的学习环境，使学生感到自己的观点被尊重，并被鼓励表达自己的想法和情感。

将这些理论应用于高校英语教育的理念创新，意味着教育活动应更加关注学生的主体经验和主动参与。学习不仅是语言知识的吸收，更是学生如何将这些知识融入自己的生活、兴趣和职业目标的过程。学生应被鼓励将学到的英语知识与自己的经验和背景联系起来,这样不仅能增强学习的相关性和实用性,还能促进学生在认知和情感层面的发展。教师在这个过程中扮演着关键的引导者和支持者的角色,他们的任务是帮助学生发现和充分发挥自己的学习潜力。

二、改革教学内容

(一)高校英语教育教学内容创新的必要性

在新文科背景下,高校英语教育教学内容创新成为教学改革的核心要求之一。为适应快速变化的社会需求和多元化的学生发展目标,英语教育需要跳出传统的语言教学框架,与各专业学科紧密结合,形成跨学科的教学模式。在这种模式下,英语教育不仅仅局限于语言知识的传授,而更重视专业领域的实际应用和专业术语的教学。例如,为工程、医学、法律等专业的学生提供有针对性的专业英语课程,不仅能提高他们的专业英语水平,还能帮助他们更好地理解各自领域的国际前沿知识和实践。这样的课程设计,能使学生在掌握专业知识的同时,增强其英语实际运用能力,为日后的职业发展打下坚实的基础。

(二)高校英语教育教学内容的多元化与个性化

为响应新时代的挑战,高校英语教育也应强化课程内容的多元化和个性化。这意味着教学内容不仅应涵盖传统的语言技能训练,还应包括更加广泛的文化、社会、职业相关的主题。例如,开设涵盖国际文化、国际关系、全球化问题等主题的英语课程,能够拓宽学生的国际视野,提高他们对全球事件的理解和反思能力。同时,提供更多的选修课程,如商务英语、科技英语、媒体英语等,可以让学生根据自己的兴趣和未来职业规划选择适合的学习路径。这种教学内容的创新不仅能够激发学生的学习兴趣,还能帮助他们发展更为全面和深入的语言运用能力。教师应注重培养学生的批判性思维和创新能力,鼓励他们在学习过程中主动探索、提出问题并寻找解决方案,这不仅有助于提高他们的语言能力,还能够促进他们综合素质的提升。

三、创新教学模式

(一)实施多样化教学模式

在高校英语教育中,创新发展的具体要求之一是实施多样化的教学模式。这种多样化的教学模式体现在教学方法、学习资源和学习环境的丰富性与灵活性上。教学方法的多样化要求教师根据学生的需求、背景和学习风格采用不同的教学策略,如合作学习、问题导向学习、情景模拟等,以增加学生的参与度和提高学习效果。同时,利用多种学习资源,包括数字媒体、在线课程、互动软件等,为学生提供更加丰富多元的学习体验。创造灵活多变的学习环境,如虚拟教室、语言实验室等,可增强学习的实际应用感和趣味性。这种多样化的教学模式有助于培养学生的批判性思维、创新能力以及跨文化交际技能,更符合当今全球化和信息化时代的教育需求。

(二)从归纳型教学模式向演绎型教学模式转变

高校英语教育的创新发展还要求从传统的归纳型教学模式转向演绎型教学模式。归纳型教学模式虽然侧重于从实际教学经验中总结和归纳知识,但在理论体系和科学基础方面可能存在不足。演绎型教学模式则从科学理论出发,强调通过理论推演和实验验证构建和完善教学模式。这种模式的转变要求教师在进行教学设计时更多地依赖科学的教学理论和研究,从而确保教学内容和方法的系统性和科学性。演绎型教学模式强调理论与实践的紧密结合,通过科学的实验和数据分析验证和优化教学策略,从而实现更高效、更有目的性的教学效果。在这种模式下,高校英语教育能够更好地适应社会变革和学生需求的发展，促进学生的全面成长和专业发展。

（三）重视学生主体性

在高校英语教育的创新发展中，转变教学模式，从以"教"为主向以"学"为主的模式发展，是一项核心要求。这种转变意味着教学活动应更加关注学生的主体性，重视他们在学习过程中的主动参与和自主探索。在这种教学模式下，教师的角色由传统的知识传授者转变为学习指导者和促进者，他们需要创造条件，激发学生的学习兴趣，引导学生通过探索、实践和反思来构建知识。为了实现以学生为中心的教学模式，教师应加强教学设计的针对性和学生参与的有效性。教师在进行教学设计时需要围绕学生的需求和兴趣，同时考虑不同学生的学习风格和能力水平，设计出适应性强、互动性高的教学活动。教师还应鼓励学生在课堂上勇于表达自己的观点，主动参与课堂讨论和活动，使他们成为学习过程的积极构建者。

四、重构评价体系

（一）重构高校英语教育评价体系的必要性

在高校英语教育的创新发展中，重构评价体系是一项关键的具体要求。传统的评价体系往往侧重对学生知识掌握程度的考核，主要通过闭卷考试等形式进行。然而，这种评价方式未能全面反映学生的语言运用能力、交际能力以及批判性思维等综合能力。因此，高校需要重构评价体系，以更加全面地评估学生的英语学习成效。新的评价体系应注重评估学生的语言实际运用能力，包括口语交际、听力理解、阅读分析和写作表达等方面。评价体系还应关注学生的创新能力、文化理解能力以及跨文化交际能力，以更全面地反映学生在英语学习中的综合素养。重构评价体系的目的在于激励学生主动探索、积极参与，鼓励他们在英语学习中发展全面的能力，而非仅仅关注分数和等级。

（二）重构高校英语教育评价体系的策略

为重构评价体系，高校英语教育需要采取一系列创新策略。

1. 引入多元化评估方法

为了更全面地评估学生的英语能力，高校英语教育需要引入更多样化的评估方法，突出实践性和互动性，包括口头报告、小组讨论、项目作业和案例分析等多种形式。例如，通过口头报告，学生可以展示他们的演讲能力和语言组织能力；小组讨论则鼓励学生在团队中交流意见，提升协作和交际技能。项目作业和案例分析的引入使学生能够在解决实际问题的过程中运用英语，加深对专业知识的理解，同时提升语言应用能力。这些多元化的评估方法能够激发学生的学习兴趣，提高他们的参与度，同时更加客观、全面地评价学生的英语综合能力。

这些评估方法的引入不仅能够有效地评价学生的英语知识掌握情况，还能够测试他们在实际语境中运用英语的能力，指引学生不仅在课堂上学习理论知识，还在实际应用中锻炼和展示自己的语言能力，为未来的职业生涯和实际应用奠定基础。

2. 重视持续性评估

在高校英语教育中，将持续性评估融入评价体系同样至关重要。持续性评估，如学习日志、自我反思报告和同伴评价，能够帮助学生进行自我监控和自主学习。通过学习日志，学生可以记录和反思自己的学习过程、进步和困难，从而更加清晰地认识到自己的学习状态。自我反思报告则让学生有机会深入思考自己的学习方法和成效，从而发现改进的方向。同伴评价鼓励学生相互评价和提供反馈，这不仅能够增强学生之间的互动，还能够帮助他们从同伴的角度了解自己的表现。

持续性评估的实施有助于培养学生的自学能力和责任感。学生在这一过程中成为自己学习的主人，能够主动探索更适合自己的学习方式，提高学习的效率和效果。同时，这种评估方式也为教师提供了持续的反馈，帮助他们更好地了解学生的学习需要，从而调整教学策略。

3. 注重形成性与总结性评价的结合

在高校英语教育中，评价体系还应注重形成性评价与总结性评价的结合。形成性评价关注学习过程，包括学生的参与度、进步、创造力等，而总结性评价则关注学习的最终成果，如期末考试、课程项目等。这两者的结合能够全面评价学生的学习表现，既考虑到学生在学习过程中的努力程度，也考虑到他们对知识和技能的最终掌握情况。

在实施评价过程中，教师应确保评价标准的透明和公正，让学生清楚地了解评价的标准和目的。透明的评价标准和公正的评价过程能够增强学生的信任感和满意度，鼓励他们更加积极地参与学习。同时，这也要求教师在设计评价标准时考虑到不同学生的能力和特点，确保评价过程的公平性和客观性。通过这些创新的评价模式，高校英语教育能够更加有效地促进学生的语言能力和综合素质的发展，满足现代社会对英语人才的多元化需求。

通过采取这些策略，高校英语教育评价体系的重构将更有效地促进学生英语能力的全面提升，满足创新发展的需要。

第三章 高校英语教育教学目标的创新设定

第一节 高校英语教育的基本教学目标

一、引导学生掌握英语语言知识

（一）掌握语法知识，构建语言基础

在高校英语教育中，引导学生掌握语法知识占据着教育教学的核心地位，语法知识是构建英语语言基础的关键。英语教师应引导学生深入理解英语句子的基本结构，如主谓宾结构，这是理解和构建英语句子的基石；时态和语态知识不仅帮助学生掌握动词的正确使用，还能让他们学会表达不同的时间概念和动作状态；从句知识则对于构建复杂句子结构至关重要，它能够提高学生的语言表达能力和逻辑思维能力。深入的语法学习不仅仅是记忆规则，更是对英语逻辑结构的理解，这对于学生未来使用英语进行高级写作和口语交流至关重要。

(二)掌握词汇知识,扩展学生视野

词汇是语言的基本构成元素,对于高校学生来说,词汇知识的掌握应不限于基础词汇的积累,他们更应注重学术词汇和专业词汇的学习。特别是学术词汇的学习,不仅能帮助学生在学术写作和演讲中更加精准地表达思想,还能够在他们的专业领域内提升沟通效率和专业水平。教师应通过多样化的教学方法,如主题讨论、词汇游戏、情景模拟等,激发学生学习词汇的兴趣和动力。同时,词汇知识还应包含词源学习,这能使学生理解单词的来历和发展,加深对单词深层次结构的理解。

(三)掌握发音与拼写知识,提升交流效果

掌握发音与拼写知识是英语学习中不可忽视的部分,它们直接影响学生的口头和书面交流效果。在发音知识教学中,教学重点应放在英语音标教学方面,正确的发音练习能提高学生的语音清晰度和口语表达能力。在拼写方面,英语教学应重视英语拼写的规则和常见的拼写错误,英语教师要通过各种写作练习,如日记、短文、报告等,加强学生的拼写能力。与此同时,通过学习词根、词缀等,学生可以更加容易地记忆和拼写复杂的单词,从而有效提高他们的英语语言表达能力。

二、引导学生掌握英语语言技能

高校英语教育的另一个基本教学目标是引导学生掌握英语语言技能,主要包括听、说、读、写、译五项基本技能。

(一)掌握听力技能,提升综合理解能力

在高校英语教育中,引导学生掌握听力技能是一项综合性的训练,旨在提高学生对英语听力材料的全面理解能力。通过使用多样化的听力材料,如新闻播报、学术讲座、日常对话等,学生可以在不同语境中练

习听力技能，从而提高对不同口音、语速和语境的适应能力。这些练习有助于学生在真实环境中更好地理解和处理信息。同时，批判性听力的培养也至关重要。学生不仅要学会获取信息，还要学会分析、评估所听内容的重要性和可靠性，这对于培养学生的独立思考能力和批判性思维非常有益。例如，通过分析新闻报道的偏差、辨别讲座中的观点强度等，学生能够更加深入地理解和吸收听力材料，为日后的学术研究和专业工作打下坚实基础。

（二）掌握口语技能，强化表达与沟通能力

引导学生掌握口语技能是高校英语教育不可或缺的一部分，它关系学生未来能否在多元文化背景下有效沟通。在口语教学中，教师应重点提升学生的语言表达能力和沟通技巧。通过各种实践活动，如模拟对话、公开辩论、演讲等，学生可以在实际语境中练习口语，从而提高他们的流利度和准确度。这些活动不仅能够提高学生的语言运用能力，还能够锻炼他们的思维敏捷性和反应能力。在多元文化的全球化环境中，有效的口语沟通不仅限于语言的正确使用，更包括对跨文化差异的理解和适应。因此，教师应引导学生学习如何在不同文化背景下恰当地运用语言，理解和尊重文化差异，从而在国际交流中更加自如和得体。

（三）掌握阅读技能，增强理解与分析能力

掌握阅读技能对于学生的英语学习至关重要。高校英语教育应侧重提升学生的阅读理解能力，特别是在快速阅读、批判性阅读和深度阅读方面。通过阅读各种类型的英文材料，学生可以拓宽视野，同时提高对信息的理解和分析能力。快速阅读能力的培养有助于学生在短时间内捕捉关键信息，这在现代信息爆炸的时代尤为重要。批判性阅读教学则着重于培养学生的独立思考能力，使他们能够在阅读时对作者的观点进行分析和评估。深度阅读则要求学生对阅读材料进行深入挖掘和思考，理

解文本背后的深层含义。例如，通过学术文章的深度阅读，学生能够更好地理解专业领域的理论和概念，为自己的学术研究打下坚实基础。

（四）掌握写作技能，提升表达与逻辑水平

引导学生掌握写作技能是高校英语教育的又一重要方面。教师应指导学生清晰、准确、有逻辑地组织思想和论点。这不仅包括学术写作，如论文、报告的撰写，也涵盖日常生活中的书信、电子邮件等各种书面表达形式。通过不断的练习和反馈，学生能够提升自己的写作技巧，有效地进行书面沟通。在学术写作中，教师应特别强调论文结构的构建、论据的选择和论证的逻辑性，以提高学生的学术表达能力。同时，在日常写作教学中，教师也应重视语言的准确性和适当性，帮助学生在不同场合下恰当地使用书面语言。创意写作也是一个有效的教学方法，它鼓励学生发挥想象力和创造力，从而提高写作的趣味性和参与度。

（五）掌握翻译技能，衔接语言与文化

引导学生掌握翻译技能在高校英语教育中占有重要地位，掌握翻译技能不仅是语言学习的高级阶段，也是学生连接不同语言和文化的方法。高校英语教育中的翻译教学应重视培养学生的双语能力，特别是在理解和表达两种语言中的微妙差异方面。教师应引导学生深入理解源语言（母语）和目标语言（英语）之间的结构差异和表达方式，这是高效翻译的基础。通过对比分析中英文的语法结构、习语使用和修辞方式，学生可以更好地掌握两种语言的特点。

高校英语翻译教学还应注重培养学生的跨文化理解能力。翻译不仅仅是文字的转换，更是文化含义的传递。教师应教导学生如何在翻译过程中保持文化的敏感性和准确性，理解原文的文化背景和语境，以便更好地传达其深层含义。例如，通过翻译文学作品、历史文献等具有浓厚文化色彩的材料，学生能够深入理解不同文化之间的差异和联系。

三、引导学生掌握英语学习方法

（一）掌握高效学习方法

高校英语教育的另一个基本教学目标是帮助学生掌握高效的学习方法。有效的学习方法可以使学生在有限的时间内获得更大的学习收益。英语教师应指导学生有效地组织和规划学习时间，包括教授学生如何分配时间学习不同的语言技能，如听、说、读、写，并根据个人的学习目标和优先级来调整。例如，如果学生的目标是提高口语流利度，那么他们应该分配更多的时间进行口语练习和交流。

英语教师还应教导学生有效利用各种记忆和理解方法。例如，使用联想记忆法学习新单词，或者通过总结和概括提高阅读理解能力。这些策略不仅可以加深学生对语言的理解，还可以提高他们的记忆效率。英语教师还应引导学生有效地利用技术工具辅助学习，如使用语言学习应用程序、在线词典和翻译工具等。通过使用这些工具，学生可以更方便地访问学习资源，提高学习的灵活性和便利性。

（二）培养自主学习能力

培养学生的自主学习能力是引导学生开展英语学习的重要方法策略。这种能力使学生能够在教师指导下发现自己的学习路线，从而在学习过程中成为主动的参与者。英语教师应教导学生设置实际可行的学习目标，并鼓励他们根据自己的学习节奏和兴趣调整学习计划。例如，学生可以根据自己对语法、词汇或发音的具体需求，制定相应的学习策略和时间表。这种自主学习的方法不仅可以提高学习效率，还可以培养学生的自我管理能力和责任感。

在培养学生自主学习能力过程中，英语教师可以引导学生探索和利用各种学习资源，如在线课程、学术论坛、语言交换伙伴等。通过这些资源,学生可以在课堂之外获取丰富的语言输入,并将所学知识应用于真实的语境中。同时,自主学习还包括对学习过程的反思和评估。教师应鼓励学生定期回顾自己的学习进度,识别学习中的障碍,并调整学习策略。这种持续的自我评估和调整有助于学生发现适合自己的学习方式,提高学习的主动性和独立性。

四、引导学生开展英语深度学习

(一)培养深层次语言理解能力

高校英语教育的基本教学目标之一是引导学生开展英语的深度学习,即超越表层的记忆和理解,深入语言的内部结构和底层逻辑。深度学习强调对英语语法、句式结构的深入理解,而非仅仅停留在规则的记忆上。例如,通过分析不同句型的应用场景和语境,学生可以更深入地理解英语语法规则的运用和变化。这种深入的理解有助于学生在遇到新的语言环境或复杂文本时,能够灵活运用所学知识,而不是机械地套用规则。

深度学习还应包括对英语词汇的深层次理解,如词源学习、词义变化的探究等。这不仅仅是为了扩充词汇量,更是为了让学生理解单词的深层含义和使用背景。例如,通过探究某些词语在不同文化和历史背景下的演变,学生可以更加深刻地理解它们,并在适当的语境中恰当地运用它们。这种深层次的语言理解能力是学生未来在多元文化交流中不可或缺的能力。

(二)培养知识整合与迁移能力

深度学习的另一个关键目标是培养学生的知识整合与迁移能力。在高校英语教育中,教师应指导学生将新学的知识与既有的知识体系相整合,从而形成更加完善和系统的语言知识结构。这一过程不仅要求学生对新知识有深刻的理解,还要求他们能够在不同知识领域间进行连接和应用。例如，将英语学习与其他学科知识相结合，如在学习专业术语时，理解这些术语在其学科领域中的应用和意义，这样能够更加深刻地理解并运用这些专业术语。

知识的迁移能力对于学生来说同样重要。这意味着学生不仅能在课堂上学习英语，还能将所学知识应用于日常生活和未来的职业生涯中。例如，通过在实际的工作或学术研究中使用英语，学生可以将课堂上学到的理论知识转化为实践技能，从而在新的领域中解决问题。这种能力的培养需要教师创造更多实际应用的机会，如项目作业、实习经历等，让学生在真实的语境中运用英语。

五、引导学生发展自身意义潜势

（一）什么是意义潜势

意义潜势是一个涉及语言学和教育学的概念，它指的是语言在特定语境中传达意义的能力和可能性。简单来说，意义潜势是指一个词、短语或句子在不同情境下可以表达不同含义和信息的潜在能力。这一概念强调语言不仅仅是一系列单词和语法规则的组合，更是一个动态的，可根据不同社会、文化和情境变化而变化的系统。

语言的意义潜势包括以下几个方面：首先是词汇和结构的多样性，即同一个词或句式在不同情境下可以有不同的意义；其次是语言的层次性，即语言可以在字面意义、隐喻意义、文化意义等多个层次上被理解和解释；最后是语言的适应性，即语言能够根据交流的需要和背景灵活变化其表达方式。

（二）为什么英语教学能发展学生的意义潜势

在全球化的背景下，高校英语教学的目标不仅仅是传授语言知识，更重要的是培养学生的跨文化交际能力。通过英语学习，学生能够理解和适应不同文化背景下的交际方式和习俗,从而在提升语言意义潜势方面发挥重要作用。英语教学还强调如何在不同语境下灵活运用语言,帮助学生学会根据不同听众、目的和情境选择恰当的表达方式,进而增强他们理解和运用语言的深度和广度。同时,英语教学鼓励学生进行批判性思考和创新表达,通过分析不同文本和话语,培养多角度理解和解释语言的能力,这对于提高他们在听、说、读、写等方面的深层次理解和表达能力至关重要。最后,学习英语还意味着接触到更广泛的知识和信息,这不仅拓宽了学生的视野,也提高了他们从不同来源和角度理解和处理信息的能力,有效地增强了他们的语言意义潜势。

第二节 高校英语教育的思想政治教学目标

一、思想政治教学的重要性

在高校英语教育中融入思想政治教育,对于国家、社会和个人都具有重要的意义。

(一)国家层面的重要性

对于国家而言,将思想政治教育融入高校英语教育是培养具有国际视野和爱国情怀的人才的关键。在全球化日益加深的当今世界,高校英语教育不仅仅是语言技能的培训,更是培养学生理解国际事务、传播国家文化和价值观的重要途径。通过英语教学,学生可以更好地了解世界各国的政治、经济、文化背景,同时深入理解和传承自己国家的历史和文化传统,从而在国际交流中更好地展现国家形象和传递国家声音。这种教育方式对于提高国家的软实力和国际影响力具有重要意义。

（二）社会层面的重要性

从社会层面来看，融入思想政治教育的高校英语教育有助于促进社会主义核心价值观的传播和实践。通过高校英语课程，学生不仅可以学习语言技能，还能够接触关于社会主义核心价值观和当代中国社会发展的知识。这有助于培养学生的社会责任感和道德观念，使他们能够更好地理解和参与社会建设，成为促进社会和谐与进步的积极分子。同时，这也有助于学生形成正确的世界观、人生观和价值观，为社会的长期稳定和发展提供强有力的精神支撑。

（三）个人层面的重要性

1.培养批判性思维和独立判断能力

对个人而言，在高校英语教育中融入思想政治教育，极大地促进了学生批判性思维和独立判断能力的培养。在学习英语的过程中，学生不仅仅是在掌握一门语言技能，更是在学习如何从不同文化和思想角度理解和评价信息。通过对各种语言材料的分析和讨论，如新闻报道、文学作品、历史文献等，学生可以识别偏见，分析论点，并形成自己的见解。这种教育方式有助于培养学生的批判性思维，使他们能够在面对复杂信息和不同观点时，进行独立的思考和合理的判断。在学术上，这种能力使他们能够更深入地理解学术内容，进行创新性研究。在职业和生活中，这也有助于他们在遇到问题时做出明智的决策，提高解决问题的能力。

2.树立正确的世界观和人生观

思想政治教育的融入还有助于学生树立正确的世界观和人生观。在学习英语的过程中，学生不仅能够了解外部世界的多样性，还能够通过思想政治教育深入理解自己国家的历史、文化和价值观。这种教育方式有助于学生在全球化背景下更好地认识自己的国家和文化，形成对国际事务的全面理解。这样不仅可以促进他们产生身份认同感和民族自豪感，还能够使他们更加积极地适应和参与社会变革。在个人生活和职业发展中，这种全面的视角和深厚的文化底蕴有助于学生更好地面对各种生活和工作上的挑战，使他们成为具有责任感和使命感的社会成员。

二、思想政治教学具体目标内容

（一）培养学生正确的"三观"

1."三观"的定义内涵

"三观"，即世界观、人生观和价值观，是一个综合性的哲学概念，用于描述一个人对世界、生命和价值的基本理解和态度。世界观是指个体对宇宙、自然、社会和人类存在的根本认识和理解方式，它影响着一个人如何看待世界及其运行规律。人生观则涉及个人对人生目的、意义和态度的看法，它决定了一个人如何理解自己的存在和生活目标。价值观是关于什么是重要的、值得追求的和正确的基本信念和标准，它指导个人在日常生活中的选择和行为。这三种观念相互关联，共同构成一个人的思想基础和行为准则，影响其决策方式、生活态度和社会行为。

2.英语教学培养学生的"三观"

（1）培养全球化背景下的民族意识。在全球化背景下强化学生的民族意识有助于高校英语思想政治教学培养学生正确的"三观"。在高校英语教育中，学生不仅要掌握语言技能，更应深入了解和欣赏中国的文化、历史和现代发展。教师可以通过引入有关中国的经典文学作品、历史事件、社会发展成就等内容，将英语作为传播媒介，展示中国的文化瑰宝和发展成果。这样不仅能够激发学生对本国文化的自豪感和认同感，还能够帮助他们在国际交往中更好地介绍和代表中国，进而在全球化背景下树立正确的世界观。这种教学方式还能帮助学生理解中国在全球化进程中的角色和地位，加深他们对国家发展战略和外交政策的认识。通过比较不同国家的文化和价值观，学生能够更全面地理解各国之间的差异和联系，培养尊重多元文化的意识和价值观。

（2）培育道德和伦理观念。培育学生的道德和伦理观念是培养学生正确"三观"的重要途径。这意味着高校英语教育不仅要传授语言知识，还要引导学生深入思考和理解社会责任、伦理道德等重要概念。教师可以通过讨论国内外的社会问题、道德困境、国际关系和全球挑战等话题，引导学生用英语深入分析和表达自己的观点。这不仅有助于提升他们的英语表达能力，更重要的是通过这些讨论，学生能够在国际背景下形成对正义、道德和责任的深刻认识。通过引入关于可持续发展和国际合作等主题，学生能够理解在全球化背景下个人行为的影响和意义，从而培养其对社会和环境的责任感。这样的教学不仅有助于学生形成正确的价值观，还能鼓励他们在未来的职业生涯和社会生活中做出有益于社会和环境的决策。

（二）弘扬社会主义核心价值观

1.社会主义核心价值观的定义内涵

社会主义核心价值观是指在中国特色社会主义建设中，为引导人们的思想道德建设而确立的一系列基本价值原则和标准。它融合了中国传统文化的优秀元素、社会主义的基本要求以及时代发展的新要求，体现在国家、社会和个人三个层面。在国家层面，它强调富强、民主、文明、和谐；在社会层面，它倡导自由、平等、公正、法治；在个人层面，它强调爱国、敬业、诚信、友善。这些价值观旨在引导人们树立正确的世界观、人生观和价值观，促进社会和谐稳定，推动社会主义现代化建设，以及实现中华民族伟大复兴。社会主义核心价值观不仅是中国特色社会主义道德建设的核心内容，也是现代中国公民的基本行为准则。

2.英语教学弘扬社会主义核心价值观

在高校英语思想政治教学中,弘扬社会主义核心价值观的具体目标涉及多个层面,以通过英语教育培养学生全面发展的价值观念。

(1)培养国家意识和爱国精神。高校英语教育的目标之一是通过英语课程加强学生的国家意识和爱国精神。教师可以通过讲授中国的历史、文化遗产、发展成就等,使学生了解自己国家的文化和成就。这不仅能增强学生的民族自豪感和国家认同感,还能帮助他们在国际交流中正确传递中国的形象和价值观。

(2)促进社会公正和法治意识。英语思想政治教学还应强调社会公正和法治意识的培养。教师可以通过引入国内外的法律案例、讨论社会公正议题,使学生理解和重视法治对社会稳定和公平正义的重要性。通过这种方式,学生可以在全球化背景下理解法治的普遍价值和中国法治发展的特点。

(3)塑造健全的个人品德。对个人品德的塑造也是英语思想政治教学的重要目标。通过教授有关爱国、敬业、诚信、友善等主题的课程内容,教师可以培养学生的个人道德和职业伦理。这有助于学生在日后的学习、工作和生活中表现出良好的个人品质和职业道德。

(三)增强学生的民族自信心

1.民族自信心的定义内涵

民族自信心,是指一个民族对自身文化、历史、价值观及其在世界上的地位和作用的积极认同和自豪感。这种自信来源于对民族历史和文化的深刻理解、对民族发展成就的正确认识,以及对民族未来发展前景的坚定信念。民族自信心的内涵不仅包括对过去的传统和文化的自豪,也包括对当前和未来发展的信心。它是一个民族能够在全球舞台上自信表达自己、积极参与国际事务的重要心理基础。

2.英语教学增强学生的民族自信心

在高校英语思想政治教学中,增强学生的民族自信心具有以下几个具体目标。

(1)深化对中国文化和历史的理解。在高校英语教育中,深入探讨中国的文化和历史对于学生理解自身文化背景至关重要。英语教学不应仅限于语言本身,而应成为连接学生与中国丰富文化遗产的桥梁。教师可以通过各种方式,如文学作品、历史事件的英语介绍,让学生了解中国古代的哲学思想、文学成就、艺术特色以及传统节日。例如,通过英文介绍中国古诗词,学生不仅能够学习语言技能,还能深入理解中国传统文化的美学和哲学内涵。

教师可以结合现代中国的社会和文化现象,让学生探讨如何将传统文化与现代生活相融合。通过分析和讨论中国在全球化背景下文化传承的方式和面临的挑战,学生能够更加深入地理解中国文化的发展和演变,从而增强对本民族文化的自豪感和归属感。这种深入的文化学习不仅丰富了学生的知识储备,也为他们在国际交往中自信地介绍中国文化打下了坚实基础。

(2)加强对中国发展和国际地位的认识。在高校英语思想政治教学中,加强对中国的现代发展和国际地位的认识是另一项重要目标。教师应该在课程中融入中国的经济发展、科技进步、国际合作和外交政策等内容。通过阅读和讨论与这些主题相关的英文材料,学生能够深入了解中国在全球经济和政治中的地位,以及中国在解决国际问题、促进全球治理中所发挥的作用。例如,通过研究中国的"一带一路"倡议、国际贸易政策、环境保护等话题,学生不仅可以提高英语阅读和口语表达能力,还能够增强对中国作为全球大国责任和使命的认识。这有助于学生理解中国的国家战略,明白中国在推动世界和平与发展中的重要角色。通过这样的学习,学生能够更加自信地理解和阐述中国的发展道路和国际立场,为成为具备国际视野的公民奠定基础。

（3）提升国际交流中的表达能力和自信。在高校英语教育中培养学生在国际交流中的表达能力和自信是至关重要的。教师应鼓励学生积极参与关于中国以及全球重大事件的英语讨论，提升他们用英语表达个人观点和国家立场的能力。通过模拟联合国会议、国际辩论赛等活动，学生可以在真实的语境中练习清晰、准确地用英语表达自己的观点，同时了解其他文化和国家的观点。

教师可以引导学生研究中国在国际事务中的态度和立场，帮助他们理解和表达中国在各种国际议题上的态度和理念。这种教学不仅提升了学生的英语表达能力，更重要的是增强了他们在国际交流中代表中国、展现中国特色和文化的自信。通过这样的实践，学生能够在国际舞台上更加自如和自信地交流和合作，为未来的国际交往和职业发展打下坚实基础。

（四）拓展学生的国际视野

1. 国际视野的定义内涵

国际视野是指个人对全球事件、不同文化和国际事务的深入理解和广泛关注。它涉及对世界多样性的认知、跨文化沟通的能力以及对全球化背景下各种国际问题的敏感性和理解力。具备国际视野的人能够超越本国或本地区的局限，从更广阔的角度理解和分析世界事件，同时能够理解不同文化间的差异。国际视野的内涵包括对不同国家的政治、经济、社会和文化的了解，对国际事务和全球趋势的关注，以及对国际多元文化的尊重和包容。

2. 英语教学拓展学生的国际视野

在高校英语思想政治教学中，拓展学生的国际视野有以下几个具体目标。

（1）加深对全球事务的认识和理解。英语教学将国际新闻、全球事件和国际组织的活动纳入课程内容，使学生能够通过英语学习更加深入地了解和分析全球化进程中的各种现象和问题，包括对国际政治、经济合作、环境保护、文化交流等议题的探讨。

（2）培养跨文化交流与合作能力。教师在英语教学中就不同国家的文化进行交流和讨论，鼓励学生理解和尊重不同文化的差异和特点，可以培养他们在多元文化环境下有效沟通和协作的能力。这不仅提高了他们的语言技能，也有助于他们在日后的国际交往中展现出开放和包容的态度。

（3）培养国际视野下的批判性思维。教师在引导学生了解国际事件和问题时，培养他们批判性思维能力，鼓励他们不仅接收信息，还要进行分析、比较和评估。这种思维方式有助于学生在全球化的复杂背景下形成独立的判断和看法。

第三节　高校英语教育的文化素质教学目标

一、文化素质教学的重要性

（一）有助于培养学生的文化互动能力

高校英语文化素质教学在培养学生的文化互动能力方面具有极其重要的作用。在全球化的背景下，文化交流已经变得日益频繁且双向互动性更强。英语教学不仅仅是传授一门语言的技能，更是一个了解不同国家和地区文化理念和价值观的平台。学生通过学习英语，不但能够接触并理解西方的文化特点、历史背景和社会习俗，还能够更有效地向世界介绍中国的独特文化和价值观。

文化交流促进了不同国家和地区之间的相互理解与尊重，有助于打破文化隔阂，促进不同文化之间的对话和融合。教师在英语教学中可以通过引入比较文化学习方法、跨文化交流活动和国际合作项目等，使学生在学习语言的同时能够获得在全球化环境中相互尊重和理解不同文化的能力，为构建一个和谐、多元的世界做出贡献。

（二）有助于加强跨文化语言运用能力

高校英语文化素质教学在加强学生跨文化语言运用能力方面也发挥着关键作用。语言不仅仅是沟通的工具，更是文化的载体。掌握一门语言的过程，实际上也是学习如何在特定文化背景下恰当运用该语言的过程。例如，在学习商务英语或外交英语时，学生对不同文化背景下的交际习惯、礼节和表达方式的理解至关重要。这种文化敏感性和适应性不仅有助于提高跨文化沟通的有效性，还能够避免可能的文化误解和冲突。

文化素质教学还能够激发学生的批判性思维和创新思维。通过比较分析不同文化观点和思维模式，学生可以拓宽思维视野，形成更为全面和深入的思考能力。高校英语教师应通过设计具有跨文化背景的教学内容和活动，如案例研究、文化体验、国际合作项目等，帮助学生提高对不同文化的理解和适应能力，进而全面提升他们的语言运用和跨文化交际能力。

（三）有助于增进学生对英语语言文化的理解

高校英语文化素质教学的重要性首先体现在它有助于增进学生对英语语言文化的理解方面。语言与文化是密不可分的，语言中蕴含了该语言所属文化的价值观、思维方式和生活习惯。通过英语文化素质教学，学生可以更加深入地了解英语语言所代表的西方文化，包括其历史背景、文学作品、社会习俗、艺术形式等。例如，通过学习莎士比亚的戏剧、探讨美国的节日习俗或分析英国的历史变迁，学生不仅能够提升语言技能，还能够对英语国家的文化有更深刻的理解和认识。

这种对英语国家文化的深入理解，不仅丰富了学生的国际知识储备，还有助于他们在使用英语进行交流时更加得心应手。了解语言背后的文化，能使学生更准确地把握语言的含义和语境，避免交流中的文化误解。这种文化的理解还能够激发学生的学习兴趣，使他们在学习语言的同时享受到探索不同文化的乐趣。

二、文化素质教学具体目标内容

文化素质教学包括两方面的内容：一方面，学生应当了解英语国家的文化要素和知识；另一方面，学生要知道如何把中华民族的文化传统介绍给英语国家的人们。在文化素质教学中，高校英语教师应注意引导学生实现以下目标。

（一）了解多元文化特性

在高校英语教学中，深入理解和尊重多元文化特性是重要的教学目标之一。当代高校英语教材普遍融入了中西方文化内容，使学生有机会接触和学习不同国家和地区的文化。教师在教学过程中应依据教材中的话题内容，制定具体的教学目标，指导学生深入学习和理解各种文化背景。例如，在学习英国文化单元时，学生可以通过文学作品、历史事件、艺术形式等多角度了解英国文化的独特性。同样，学生在学习中国文化单元时，可以探讨中国的传统节日、文化习俗和现代发展。

（二）理解并实践国际交往礼仪

高校英语文化素质教学的另一重要目标是培养学生的国际交往礼仪意识。教师应根据教学单元的内容，设计教学活动，让学生了解和实践不同文化背景下的社交礼仪要点。这不仅包括基本的礼貌用语和行为规范，还应涵盖更深层次的文化礼仪，如不同国家的餐桌礼仪、商务会谈中的行为规范等。通过模拟对话、角色扮演和小组讨论等形式，学生可以在实际的语言使用场景中练习这些社交礼仪。例如,在模拟商务会议的活动中,学生可以学习如何在不同文化背景下进行有效沟通和交流。这种教学方法不仅有助于学生掌握实际交流中的语言技能,还有助于他们在国际交往中展现出良好的文化素养和专业形象。

(三)了解多样的国际生活习惯

高校英语文化素质教学还应使学生了解不同国家的生活习惯。各国的日常生活方式和习惯反映了该国的文化特点和社会价值观。教师在教学过程中应引导学生通过学习英语了解各国的生活方式,如饮食习惯、节日庆祝方式、家庭生活模式等。这样的文化素质教学不仅可以增加学生对外部世界的了解,还有助于他们建立对多元文化的适应能力。在课堂活动中,学生可以模拟不同国家的日常生活场景,讨论和比较各国生活习惯的异同,从而在实际语境中加深对这些习惯的理解。这样的教学方法不仅使学生在学习语言的同时获得文化知识,还培养了他们的国际化视野和适应多元文化环境的能力。

(四)尊重多元文化行为准则

在高校英语文化素质教学中,培养学生对跨文化行为规范的尊重和理解是重要的教学目标。这包括引导学生了解和遵守不同文化背景下的行为准则,如在中西文化中普遍接受的礼貌行为:影响他人时表示抱歉、接受服务时表示感谢、在公共场合控制说话音量等。通过讲授这些行为准则,学生能够在跨文化交往中避免不必要的误解和冲突,展现良好的文化素养。教师可以通过情景模拟、角色扮演和案例分析等教学方法,让学生在实际情境中练习这些行为规范。通过这些互动活动,学生不仅能够掌握在不同文化背景下应有的行为举止,还能够培养对他国文化的尊重和理解。这种跨文化的行为规范教学对于培养学生成为具有国际视野和文化敏感性的现代公民至关重要。

(五)介绍中国社会的优秀文化和习俗

在高校英语文化素质教学中,强化学生对中国文化的传播使命感也是一个重要目标。在尊重英语国家的文化习惯和行为规范的同时,学生也应该能够自信地向外国人介绍中国的节假日、生活习惯和文化观念。这不仅有助于促进国与国之间的文化交流和理解,还能够增强学生对本国文化的自豪感和传播责任感。教师可以通过设计相关的课程内容和活动,如组织学生准备关于中国传统节日的介绍、撰写有关中国文化习惯的报告、制作中国文化主题的英文展示等,让学生在实践中学习如何有效地向外国人介绍和传播中国文化。通过这些活动,学生不仅能够提升英语表达能力,还能够深入理解中国文化的独特魅力和价值,为推广中国文化做出贡献。

(六)深入了解中华民族的文化和历史

在高校英语文化素质教学中,教师应当注重向学生展示中华文化的深厚底蕴,特别是中华民族的光荣传统和历史。这不仅有助于学生更好地了解自己的文化根源,还能够在国际交流中更加自信地介绍中国的传统文化。通过学习中国的古代文学、哲学思想、历史故事、艺术成就等,学生可以更全面地了解中华文化的丰富多样性和历史深度。教师可以运用多媒体材料、实地考察等多种教学手段,让学生深入体验和学习中国文化。通过这些丰富的学习活动,学生不仅能够加深对中国传统文化的认识和理解,还能够在国际舞台上更加自信和得体地展现中华文化的独特魅力。这种对我国文化传统的深入学习和展示,对于增强学生的文化自信和传承中华文化至关重要。

第四节　高校英语教育的思维方式教学目标

一、培养英语逻辑思维

（一）培养英语逻辑思维的原因

在开展高校英语教学的过程中，培养学生的英语逻辑思维至关重要。这不仅影响学生如何用英语清晰、有效地表达思想，还涉及如何在跨文化交流中正确理解和使用英语。英语逻辑思维的培养，特别要注意论点的清晰陈述、论据的恰当选择及论证过程的逻辑性，因为英语和汉语在逻辑思维表达上存在显著的差异。这些差异不仅反映在语言结构和表达方式上，还体现在文化背景和思维习惯上。

（二）汉英逻辑思维差异

从语言结构上看，英语通常倾向于直接、明确的表达方式。英语的句子结构往往遵循主语-谓语-宾语的顺序，这种结构有助于直接传达信息和观点。例如，在英语写作中，一个段落通常以一个主题句开始，明确地陈述该段落的中心思想，然后通过一系列支持性的细节或论据展开，最后以一个总结性的句子结束。这种结构强调逻辑的顺序性和条理性，使得信息传递更为清晰和直接。相比之下，汉语在表达上更加注重意境和含蓄。汉语句子结构的灵活性较大，常常需依靠上下文来推断语义，而不是完全依赖句子的直接表达。在汉语写作中，人们往往通过情景描绘、比喻和暗示等手法表达思想和情感，这种表达方式更加注重读者的主观体验和想象空间。因此，相比英语的直接性和明确性，汉语的表达往往更富有诗意和深度。

在文化背景和思维习惯方面，英语表达倾向于线性逻辑，即按照因果关系或时间顺序组织信息。这种逻辑思维方式在西方文化中十分普遍，反映了西方文化中对理性分析和直接表达的重视。相反，汉语表达常常体现为一种螺旋式或环形逻辑，即通过不断迂回和深入来探索和展示主题。这种思维方式源自东方文化的哲学和审美传统，强调对事物整体性和动态性的理解。

（三）培养英语逻辑思维的目标要求

在高校英语教学中培养学生的英语逻辑思维应努力达到以下两个方面的目标要求：第一，加强学生对英语逻辑结构的理解和掌握，通过各种写作和口语练习，让学生熟悉并运用英语的逻辑表达模式。第二，教育学生认识汉英逻辑思维的差异，引导他们在跨文化交流中灵活应用。

二、培养创造性思维

（一）培养创造性思维的原因

创造性思维是一种能够产生新颖、有价值想法的思维方式，它包含了多个方面的内容。在全球化发展日渐成熟的今天，创造性思维对高校学生来说尤为重要，可以使他们更好地适应未来职业和生活中的挑战或变化。具备创造性思维的学生能够提出创新的解决方案，以应对国际化工作场景中不断变化的需求。这种思维方式对于提升学生的英语语言运用能力也至关重要。通过跳出传统的记忆和模仿框架，学生能够以更加灵活和创新的方式使用英语，从而在语言表达和沟通方面取得更好的效果。同时，鼓励创造性思维的教学方式还能够激发学生的学习兴趣和动力，使学习过程变得更加生动有趣，进而增强他们的学习动力。

（二）培养创造性思维的目标要求

在高校英语教学中培养学生的创造性思维就是要培养学生的开放性思维、灵活性思维、原创性思维、详尽性思维和流畅性思维。

开放性思维和灵活性思维是创造性思维的两个重要组成部分。开放性思维涉及对新想法和不同观点的接受与欢迎。这意味着在面对问题时持有一种开放的态度，愿意考虑并探索多种可能性，而不是固守已有的知识和经验。这种思维方式鼓励个体超越传统的思维模式，促使他们对各种信息和观点保持好奇心和接纳心态。与此同时，灵活性思维则指在思考问题时能够从不同的视角进行灵活切换。这种能力使个体能够从多角度分析问题，从而找到更加全面和创新的解决方案。灵活性思维的培养有助于提高个体应对复杂和不断变化的环境的能力，使他们能够在各种情况下灵活应对和适应。

原创性思维、详尽性思维和流畅性思维则是构成创造性思维的另外三个核心组成部分。原创性思维是指个体能够产生独特且创新的想法或解决方案。这种思维方式强调个性化和创新性，鼓励个体不满足于现有的知识和方法，而追求新颖和原创的思路。详尽性思维涉及对想法或问题的深入和细致探索。这种思维方式要求个体不满足于表面的理解，而深挖问题的本质，从多个角度和层面进行全面的思考。流畅性思维意味着能够顺畅地产生多种想法和解决方案。流畅性思维有助于在面对问题时迅速产生多个思路，为找到最佳解决方案提供更多的可能性。

（三）培养创造性思维的方法

英语教师可以从以下几个角度出发培养学生的创造性思维。

1. 鼓励提问和探索

在英语教学中，教师应创建一个开放的学习环境，鼓励学生对所学知识提出疑问，并探索问题的来龙去脉。这种探索不仅限于课本内容，也包括对语言使用背后的文化、历史和社会背景的好奇。例如，当学习某个英语表达时，教师可以引导学生探究这一表达的起源、使用场景和文化含义。教师应鼓励学生提出自己的见解和解释，让他们学会在学习过程中积极思考和提问。这种方法不仅能增强学生的批判性思维，也能促进他们对英语更深层次的理解。

2.多样化的教学方法

多样化的教学方法能够激活学生的思维，提供更广阔的学习视角。例如，案例研究可以帮助学生理解英语在实际生活中的应用，通过具体案例分析，学生可以学习如何在实际情境中运用语言技能。角色扮演和辩论则是训练学生从不同角度思考问题的有效方法，通过这些活动，学生可以在模拟的情境中练习英语表达，并学会从多个视角看待一个问题。讨论则鼓励学生开放表达自己的想法，增加了交流和互动，从而提高了思维的深度和广度。

3.跨学科学习

跨学科学习是拓展学生认知领域的有效途径。通过将英语学习与其他学科知识相结合，学生不仅能够学习语言本身，还能够了解英语文化、历史、艺术等多方面的知识。例如，教师可以组织学生通过英文资料学习英语国家的历史事件，或者分析英语文学作品中的文化元素。这种跨学科的学习方法能够丰富学生的知识体系，提升他们的综合认知能力，并激发其学习英语更深层次的兴趣。

4.创新性任务设计

通过设计需要创意和创新的任务，教师可以激发学生的创造性思维。这些任务可以是创作一个英语短剧、编写一个故事、设计一个跨文化交流项目等。在完成这些任务的过程中，学生不仅能够加深对英语的理解，还能够培养创新思维和解决问题的能力。例如，在创作英语短剧时，学生不仅要考虑语言的准确性，还要创造性地构建剧情和角色，这种活动能够促进学生想象力、创造力和团队合作能力的发展。

三、培养批判性思维

（一）培养批判性思维的原因

在高校英语教学中，培养学生的批判性思维是极其重要的。批判性思维突出体现在增强学生对英语材料的理解和分析能力上，它让学生不仅能够理解文本的表面意义，还能深入分析文学作品、新闻报道和学术文章等材料的更深层次内容，包括对作者意图的理解、文本语境的分析以及对文本中可能隐含的偏见和假设的识别。通过这种深入的分析，学生能够更全面地理解语言的多重维度，包括文化、历史和社会背景。批判性思维还在提升沟通和辩论技巧方面发挥着重要作用。在讨论和辩论中，学生通过批判性思维的训练，能够更有效地表达自己的观点，并且能够理解、评价甚至反驳他人的论点。这种能力不仅提升了学生的语言表达能力，也锻炼了他们的逻辑推理能力，使他们在学术和职业场合中都能更加自信和有说服力地表达自己的观点。

批判性思维在培养学生独立思考的习惯以及适应全球化和多元文化环境方面也扮演着关键角色。批判性思维鼓励学生不盲目接受所提供的信息，而学会质疑、分析和验证。这种独立思考的习惯对于学生的个人成长至关重要，它不仅可以帮助他们形成自己的见解，还能培养他们终身学习和适应不断变化的世界的能力。在全球化和多元文化的背景下，批判性思维能帮助学生更好地理解和尊重不同的文化和观点。这种能力对于培养学生的跨文化敏感性和全球视野尤为重要，帮助他们在多元化的世界中避免文化偏见和刻板印象，促进文化间的理解和尊重。

（二）培养批判性思维的目标要求

1. 培养信息分析能力

在批判性思维中，信息分析能力是核心组成部分。这涉及对收到的信息，无论是文本、演讲还是媒体报道，进行深入和细致的分析。学生要学会从复杂信息中提炼关键点，同时识别和挑战潜在的逻辑漏洞或偏见。这种能力不仅要求学生理解信息的表面含义，还要求他们能够评估信息的来源、意图和背景。通过这样的分析，学生能够更全面和客观地理解信息，形成更加成熟和深入的观点。

2. 培养有效论证能力

有效论证能力是批判性思维的重要组成部分。这要求学生不仅能够清晰地陈述自己的观点，而且能提供充分和合理的证据支持这些观点。同时，他们应该具备辨识并合理反驳不同意见的能力。在英语学习中，这意味着学生能够在写作和口语表达中有效地使用证据，以及运用逻辑来增强论点的说服力。

3. 培养逻辑推理能力

逻辑推理能力是批判性思维的基础。这种能力涉及从已知信息中推导出合理的结论的过程。在英语教学中，教师应该鼓励学生不仅仅接受表面的信息，而是通过分析、比较和推理深入理解内容。这种推理过程要求学生能够识别因果关系，理解不同观点之间的联系，并能够在此基础上形成自己的判断和结论。

4. 培养批判性质疑能力

批判性质疑是批判性思维中不可或缺的一部分。它要求学生对所学内容持有怀疑的态度，不是盲目接受，而是主动探索和质疑。这种能力鼓励学生挑战常规假设，探索不同的解释和视角。在英语学习中，学生可以通过分析不同作者的作品、比较不同时期的文本或探讨文本背后的文化和历史背景培养自己的批判性质疑能力。

(三)培养批判性思维的方法

1. 布置写作任务

通过布置写作任务,学生可以在书面形式上练习批判性思维。例如,教师可以要求学生写一篇论文来分析某个问题,提出自己的观点,并用充分的证据支持这些观点。这不仅锻炼了学生的写作技巧,更重要的是让学生学会了如何构建合理的论证,并从不同角度看待问题。写作过程中的自我反思也是提高学生批判性思维的重要部分,它要求学生评估自己的思考过程和论证结构。

2. 批判性阅读

在高校英语教学中,批判性阅读是一项关键技能,它要求学生超越基本的文本理解,深入分析作者的论点,识别潜在偏见,评估证据的质量,并比较不同来源的信息。学生首先需要学会分析并理解作者在文本中提出的主要观点和论据,这涉及深入挖掘作者的意图和观点的深层含义,考虑其立场、目的和受众。其次,学生还应被鼓励识别文本中可能的偏见和未明确表述的假设,这要求他们审视作者的背景,如文化、历史和社会环境,以及这些因素如何影响作者的观点。批判性阅读还包括对文中所用证据的质量进行评估,学生需要学会区分不同类型的证据,并评估这些证据的可靠性、相关性和有效性。批判性阅读还要求学生对比不同来源的信息,以建立起对复杂问题更加均衡和全面的看法。

3. 组织辩论和讨论小组

组织辩论和讨论小组是锻炼批判性思维的另一个有效方法。在辩论中,学生需要为自己的立场找到合理的论据,并能够清晰、有逻辑地表达自己的观点。同时,他们需要听取对方的论点,并进行有效反驳。这不仅提升了学生的逻辑思维能力,也增强了他们的说服力。在小组讨论中,学生可以在更为放松的环境下分享观点,通过团队合作解决问题。这样的活动有助于提高学生的沟通能力,并培养他们的合作精神。

第四章　高校英语教育教学模式的创新建构

第一节　高校英语教育教学模式内涵分析

一、教学模式的定义与内涵

教学模式是一种根据特定教学思想和理论构建的教学活动的框架或范式。它是对教学过程中各种因素及其相互关系的系统性描述，包括教学方法、步骤、策略以及与之相关的教学理论。教学模式具有多样性和多维性，反映了不同教学理论的逻辑结构，并为实现特定的教学目标提供了相对稳定而具体的操作框架。教学模式旨在优化教学效果，使教学活动更加高效和目标明确。教学模式的特点包括简约性、理论性和相对稳定性。简约性指的是教学模式能够简洁明了地描绘教学过程的关键要素；理论性意味着教学模式基于一定的教学理论构建；相对稳定性则表明教学模式在一定程度上具有普遍适用性和持久性。这些特点使得教学模式成为指导教学实践、优化教学设计的重要工具。

在实际应用中，教学模式可以分为抽象意义上的教学模式和具体意义上的教学模式两种。在抽象意义上，教学模式体现为一套系统的教学理论和方法，这些理论和方法往往具有规律性，表现为有相对固定的教学步骤和活动。这种抽象层面的教学模式强调教学理论对教学实践的指导作用，以及在不同教学环境中的普遍适用性。在具体意义上，教学模式则表现为对教学过程和元素之间关系的图形化、表格化描述。这种描述通常更侧重于教学活动的组织和实施，便于教师在具体教学中直观地理解和应用教学理论。教学模式的这种多样性和灵活性使其成为教育工作者在不同教学场景和学科领域中进行教学设计和实践的重要参考。同时，教学模式的建立和应用也受到来自实践经验和教学理论研究的不断反馈和更新，使其能够适应教育领域的不断变化和发展。

二、中国高校英语教学模式内涵分析

（一）中国高校英语教学模式的理论内涵

1. 理论视角下的英语教学模式

从理论视角来看，中国高校的英语教学模式是基于实际教学实践形成的一种综合性设计和组织教学的理论体系。这种体系的构建不仅包括教学内容的设计和教学目标的确定，还涉及教学方法的选择、教学过程的管理以及评估方式的确定。在这个框架下，英语教学模式应当追求简洁明了，易于教师理解和执行。同时，它应具备足够的灵活性，以适应不同的教学环境和满足不同学生的学习需求。另外，理论视角下的教学模式应是动态的，即它应能根据教学实践中收集到的反馈进行相应的调整和优化，以确保教学效果的持续提升。

2. 教学模式的简约性与灵活性

在教学模式的设计中，简约性和灵活性是两个核心要素。简约性意味着教学模式应该易于理解和实施，避免复杂和冗长的指导，使教师能够轻松地根据这些模式进行教学。例如，教学模式可以通过清晰的指导原则和步骤，让教师能够快速掌握并应用于实际教学中。同时，教学模式的灵活性则意味着它们能够适应不同的教学场景和学生需求，包括对不同学习风格的学生的适应，以及对不同教学目标和教学内容的调整。灵活的教学模式使教师能够根据学生的具体情况和课程的具体要求做出相应的调整，以提高教学的有效性和学生的学习兴趣。

3. 教学模式的动态性与优化

教学模式的动态性是其另一个重要特点。这意味着教学模式不是一成不变的，而是随着教学实践的进展和反馈的收集而不断调整和优化的。在实际教学过程中，教师可以根据学生的学习进度、学习效果以及教学环境的变化调整教学策略和方法。例如，如果发现某种教学方法对学生的学习效果不佳，教师可以尝试采用不同的方法或调整教学重点。教学模式的优化还可以基于对教学效果的定期评估，如学生的成绩、参与度和满意度等。通过这种动态调整和持续优化，教学模式能够更加紧密地贴合实际教学的需求，从而有效地提高教学效果和学生的学习成绩。

（二）中国高校英语教学模式的核心特征

中国高校英语教学模式的核心特征体现在其针对中国国情和学习环境的特定设计上。这种教学模式不仅将英语教学过程视为一种交际过程，而且在这个过程中重视教师与学生间的互动交流。在这种模式下，英语教学不再是单纯的语言知识传授，而变成一种全面的交际活动，包括语言信息、语用信息和文化信息的交流。语言形式在这里被看作实现意义转换的工具，强调语言学习的实用性和情景性。这种教学模式还注重学生的语言输出过程，从"输入－加工－输出"的角度促进学生的语言实践能力。这种教学模式在历史上代表了重要的进步，因为它结合了中国特有的教育环境和学生特点，旨在提高英语教学的实效性和互动性。

（三）中国高校英语教学模式的结构与程序

1. 结构化的教学模式框架

从结构视角看，英语教学模式被视作一种在特定教学理念或理论指导下建立的教学活动的基本结构或框架。这种结构化的框架为教学活动提供了一个有组织、系统的基础，确保教学过程条理清晰、高效运行。例如，在课程设计中，教师会根据教学目标设置合理的课程结构，包括选择适当的教学内容、确定教学活动的顺序和节奏，以及整合各种学习资源和教学方法。这样的结构化设计不仅有助于提高课堂教学的效率，还能确保学生在学习过程中能够系统地获得知识和技能。教学模式的结构化也意味着在教学实施过程中需要考虑不同学生的学习需求，采用多元化的教学方法和评估策略，以适应不同学生的学习风格和能力水平。

2. 程序化的教学模式策略

从程序视角看，英语教学模式是一种相对稳定的教学程序及其实施方法的策略体系。这个体系强调在特定的教学思想指导下，如何通过一系列具体的步骤和方法实现设定的教学目标。程序化的教学模式通过明确的教学步骤和方法，如分阶段的教学计划、具体的教学活动安排和学习任务分配，确保教学活动的连贯性和一致性。这种教学模式有助于教师系统地组织教学内容，也为学生提供了清晰的学习路径。例如，通过程序化的教学模式，教师可以按照由浅入深的顺序逐步引导学生学习，确保学生能够逐步掌握英语知识和技能。同时，这种教学模式也有利于教师对教学过程进行有效的监控和调整，确保实现教学目标。程序化的教学模式还能够使教学成果更加可预测和可控，有助于提高教学质量和学生的学习成效。

（四）中国高校英语教学模式的学习与借鉴

在我国，外语教学界引进了国外优秀的教学模式并加以实践。20世纪 80 年代，浙江高校开展了以德国"柏林模式"为基础的"德语作为外国语教学论"的实验，取得了丰硕的成果。柏林模式强调教学过程中四个基本因素（意向、课题、方法和媒介）与两个先决条件（人类心理条件和社会文化条件）的重要性。这种模式应用于中国高校英语教育，意味着教学活动应当在充分考虑学生的心理特点和社会文化背景的基础上进行。例如，教学内容的选择和组织不仅要符合学生的英语学习需求，还要考虑他们的文化背景和兴趣点，从而提高教学的吸引力和有效性。同时，教学方法和媒介的选择也应基于学生的认知特点和学习风格，运用多种教学工具和平台，如数字化学习资源、互动软件等，以促进学生主动学习和参与互动。柏林模式的多元互动和开放性特点，为中国高校英语教育提供了一个灵活多变的教学框架，有助于教育者根据具体情境调整教学策略，实现教学的个性化和高效化。

（五）中国高校英语教学模式的挑战与改进

尽管中国高校英语教学模式在理论和实践上都取得了一定的进展，但它在应用过程中仍面临挑战。这种模式在追求全面性的同时，可能会在突出教学重点和个性方面存在不足。例如，模式的宏观设计可能过于复杂和笼统，难以涵盖中国亿万学生多样化的学习需求和方式。因此，这种教学模式需要更加注重简洁性和明确性，确保能够有效地指导实际的教学活动。为了更好地适应当代中国高校英语教学的需求，教学模式应结合最新的教学理论和技术，如自主学习、任务型教学和数字化学习工具的运用，以提高教学的灵活性和学生的学习效率。同时，教学模式应当更加重视学生的个性化需求和差异化教学，确保每位学生都能在适合自己的方式和节奏下有效学习英语，从而充分发挥其在促进学生英语能力提升方面的作用。

第二节 高校英语教育多模态教学模式

一、多模态教学模式概述

多模态教学模式是一种革新性的教学模式,它的理论基础主要来自建构主义理论,由 New London Group 提出。这种教学模式的核心在于利用现代多媒体和立体化的教学资源,以最大限度地调动学生的学习积极性。它不局限于传统的语言交流,而是涵盖了听觉、视觉、触觉等多种感官体验,通过语言、图像、声音、动作等多种手段和符号资源进行教学交流。这种模式强调教学内容的多样性和表达方式的丰富性,使得学习过程更为生动、直观和高效。

在实际应用中,多模态教学已经成为教育技术发展的一个重要趋势,特别是在计算机网络技术飞速发展的当下。随着各种电子素材资源的丰富,教学内容不再局限于传统的纸质材料,而是包含了图像、音频、视频和文字等多种形式。这种丰富的教学资源使得教学内容更加生动和具体,有助于提高学生的学习兴趣和效果。例如,在商务英语教学中,教师可以利用多媒体演示市场趋势、贸易流程等,使学生在多感官的体验中更好地理解和掌握专业知识。

二、多模态教学模式的优势

(一)强调师生互动和学生主体性的提升

多模态教学模式的一个显著优势在于强调教师与学生之间的互动和学生主体性的提升。在这种教学模式下,教师不再是传统意义上的"知识传递者",而变成指导者和协助者。教师根据教学目标和内容,灵活选择和设计教学模态和活动,使教学更加贴合学生的需求和学习特点。同时,学生在多模态教学环境中被赋予了更多的主动性和自主性,他们不仅仅是知识的接受者,更是学习的主体和参与者。

在这种模式下,学生通过独立完成或合作完成教师布置的多样化任务,不断提升自己的学习能力。例如,教师可以利用多媒体资源,布置项目研究、案例分析、角色扮演等任务,激发学生的学习兴趣,培养他们的团队合作能力和解决问题的能力。这种教学模式不仅使学生更加积极地参与学习过程,而且通过实际操作和体验,使他们加深了对知识的理解。

(二)注重多元化教学方法的综合应用

多模态教学模式的另一个优势是教师能够灵活运用多种教学方法和技巧,以及丰富的教学活动。尽管传统教学方法,如语法翻译法、听说法、交际法各有侧重点和适用性,但通常只关注单一的学习方面。多模态教学正是为了解决这一问题,通过结合多种教学方法,实现对学习内容的全面覆盖,从而更好地适应不同学习环境和满足不同学生的需求。

在多模态教学中,教师可以根据教学内容和学生的特点,综合运用PPT演示、角色扮演、课堂讨论等多种教学方法。例如,在教授文化知识时,教师可以通过视频材料展示增强学生的视觉体验;在提高口语能力时,教师可以通过角色扮演和小组讨论提升学生的语言实践能力。这种多元化的教学方法不仅能够激发学生的学习兴趣,还能创造一个良好的教学气氛,有助于学生在轻松愉快的环境中学习和成长。

(三)与学习类型适配

多模态教学模式的第三个优势是其能够适配不同的学习类型,从而提升教学的有效性。传统教学模式往往忽视学生学习类型的多样性,这种一刀切的教学模式难以满足所有学生的学习需求。相反,多模态教学通过识别并适应不同学生的学习类型,如视觉学习型、听觉学习型、触觉学习型等,能够更好地满足他们的个性化学习需求。对于视觉学习型的学生，教师可以使用图表、图像和视频等视觉材料辅助教学；对于听觉学习型的学生，教师则可以通过讲故事、播放音频材料或音乐提高他们的学习效果。多模态教学还可以通过模拟、角色扮演等互动活动吸引触觉学习型学生的参与，使他们通过实际操作加深对知识的理解。

三、多模态教学模式应用

（一）多模态协同在英语课堂中的运用

在高校英语课堂教学中，多模态协同的应用显得尤为重要。视觉模态和听觉模态的结合在课堂教学中起着关键作用。课堂的布局，包括教师的位置、黑板的使用以及讲台的设置，是视觉模态的一部分，它们共同构成了学生学习环境的基础，并明确了教师与学生在教学过程中的角色。视觉模态为听觉模态提供辅助和基础，使学生能够更好地集中注意力，从而有效地接收和理解听觉信息。

同时，听觉模态在高校英语教学中占据主导地位。教师的语言，包括发音的准确性、语法的正确性、语调的适宜性以及语速的合理性，都是听觉模态的重要组成部分。教师的语言表达不仅影响教学效果，也影响学生的学习体验。教师还可以通过改变声音的响度、语调的高低和语速的节奏来增强教学效果。例如，通过调整语速和语调，教师可以强调重点或解释复杂概念，使学生更容易理解和记忆。在此基础上，教师还可以运用各种视觉辅助手段，如手势、表情和图像，来增强学生对教学内容的理解和记忆。

（二）文字与非文字模态的融合运用

在高校英语教学中，文字模态与非文字模态的有效结合是多模态教学方法的重要体现。在英语阅读教学中，教师可以指导学生不仅关注文字信息，也重视非文字信息，如图片、符号、表格等，以揭示它们与文字之间的内在联系。这种教学方法能够帮助学生更全面地理解文本内容，提升他们对文字模态的敏感度和解读能力。

在实际的教学过程中，教师可以引导学生注意文章中的关键词、句式结构，甚至字体样式变化等细节，以把握文章的重点和隐含意义。对于非文字模态，教师可以使用不同类型的图表，如展示一幅世界地图辅助解释全球化的概念，或者通过气候变化的趋势图加深学生对环境问题的理解。这样的教学方法不仅加深了学生对英语文本的理解，而且培养了他们的综合分析能力和批判性思维。

（三）创新多模态教学应用实例

在实际教学应用中，多模态教学模式的创新运用可以使教学内容更加丰富和有吸引力。比如，教师可以在讲解一个历史事件时，结合时间轴和历史图片展示事件的发展过程。这样的视觉辅助不仅使学生更容易记住事件的时间顺序，而且能激发他们对历史背景的兴趣。另外，教师还可以利用多媒体工具呈现不同国家的风俗习惯、传统文化等内容，通过视频、音乐和实物展示等多种形式，为学生提供真实的文化体验。在讲解英语国家的节日文化时，教师可以播放节日庆典的视频，并结合相关的英文介绍，让学生在视觉和听觉的双重刺激下更深入地了解节日的文化意义。这种多模态的教学方法不仅丰富了教学内容，也增强了学生的文化意识和跨文化交际能力。这些创新的教学应用实例，可以使人看到多模态教学模式在高校英语教育中的巨大潜力。多模态教学模式通过文字和非文字模态的结合，不仅提高了教学效果，而且激发了学生的学习兴趣，有助于培养学生的综合素质和国际视野。

（四）多模态协同在英语测试评价中的应用

多模态协同在高校英语测试评价中的应用极大地提高了测试的有效性和准确性。在评价学生的"听、说、读、写、译"等基本英语能力时，多模态协同提供了一个更为全面和创新的评价框架。

1. 在听力评价中

在听力测试中,除了传统的听力材料,教师可以结合视频或实景模拟,让学生在更加贴近真实场景的环境中回答问题,从而考验学生的实际听力理解和应用能力。同时,这种方法也使听力测试不再局限于纯粹的听觉信息处理,而是要求学生综合运用视听感官来解析信息。

2. 在口语能力评价中

在高校英语口语能力的评价中,多模态协同能够提供一个更为全面和真实的评估环境。传统的口语能力评价往往侧重于语言的流利度和准确性,而忽略了非语言交流元素的重要性。在多模态协同的框架下,口语能力评价不仅包括发音、语法和词汇等语言因素,还涵盖肢体语言、面部表情和声音的变化等非语言因素。教师可以设置一些模拟情景,如面试、公共演讲或日常对话,要求学生在这些情境中表达自己的观点或情感。在此过程中,教师不仅可以评价学生的语言表达能力,还能观察学生如何运用肢体语言、面部表情等非语言手段来增强表达的效果。

3. 在阅读能力评价中

多模态协同在高校英语阅读能力的评价中同样发挥着重要作用。在多模态教学环境中,阅读材料不再局限于传统的文本,还包括图像、视频等。这些多种形式的材料可以帮助学生更好地理解文本内容,尤其是那些涉及文化背景和具体情境的部分。在评价学生的阅读能力时,教师可以考查学生如何综合运用这些不同模态的信息来理解和分析文本。例如,教师可以要求学生分析一段视频材料,并结合相关的文字描述回答问题。这样的评价方式能够更全面地考查学生的阅读理解能力和分析能力。

4. 在写作能力评价中

多模态协同在高校英语写作能力评价中也具有显著优势。传统的写作能力评价通常侧重于语言的准确性和连贯性,而多模态协同则能够考查学生在写作中不同表达方式的运用情况。例如，教师可以要求学生在写作中综合运用图像、视频或其他视觉元素，以提高表达的效果。在评价过程中，教师不仅可以评价学生的语言能力，还能考查他们如何创造性地运用多模态资源来丰富和支持自己的观点。这种评价方式不仅可以提高学生写作的趣味性，还能够培养学生的创造性思维和批判性思维。

5.在翻译能力评价中

在高校英语翻译能力的评价中，多模态协同提供了一种创新的评价方法，使翻译教学和评价更加贴近实际应用场景。传统的翻译教学和评价通常集中在文字的直译上，而忽视了翻译过程中的文化背景、情境理解和非语言因素的重要性。多模态协同的应用使得翻译评价不仅关注文字的精准度和流畅度，而且强调对原文中包含的非文字信息的理解和转化。教师可以利用多模态素材，如结合图像、视频或实物，要求学生进行场景化翻译。在这样的翻译活动中，学生不仅需要准确地翻译文字信息，还要适当地转化非文字信息，如图像中的文化元素、视频中的语境等，从而达到更加全面和深入的翻译效果。这样的翻译练习不仅增强了学生对语言的综合运用能力，也提升了他们对文化差异和非语言元素的敏感度。

第三节　高校英语教育生态化教学模式

一、生态化教学模式概述

（一）理论支撑

1.生态语言学理论

生态语言学是一门探讨语言与其生态环境之间相互作用的学科，旨在促进人类与自然之间的健康、和谐共生。这一学科不仅关注语言与自然环境的互动关系，还倡导通过语言增进对自然环境的尊重和保护。生态语言学强调语言在推动环境保护和可持续发展中的积极作用，并呼吁在语言的使用和发展过程中充分考虑生态平衡和环境保护的重要性。[①]

（1）语言的物种属性。生态语言学将语言视为人类的一种独特属性，这在语言的复杂性和专业化方面得到体现。相较于动物的交流方式，人类语言的复杂性显示了其深厚的生物学和社会学基础。从洪堡（W.V. Humboldt）和乔姆斯基（N. Chomsky）的研究来看，语言不仅是人类生物属性的体现，也是其作为社会成员身份的标志。语言超越了单纯的交流工具的角色，成为人类理性表达和社会交往的自然产物。这一观点强调了语言作为人类固有特质的重要性，它在生物学层面上具有显著意义，并在社会学层面上发挥着关键作用。

（2）语言生态系统。生态语言学关注语言生态系统的多样性和健康状况。在生态语言学中，语言被视为生态系统的一部分，与社会环境相互影响，形成一个动态平衡的体系。语言多样性是语言生态系统健康的重要特征，包括方言、词汇和表达方式的多样性。这种多样性对于维持语言的生存和发展至关重要，也是文化多样性和丰富性的关键所在。生态语言学认为，物质世界和文化观念的差异需要不同的语言来沟通。语言的多样性不仅有助于保护和传播各民族文化，也有助于适应社会交流需求的不断变化。因此，保护语言多样性不仅是对文化遗产的保护，也是适应全球化时代交流多样性需求的必要之举。

2. 教育生态学理论

教育生态学是一门综合性的科学领域，它借鉴生态学的视角分析和研究教育系统的复杂性和动态性。在教育生态学的理论框架下，教育被视为一个多元、互动的生态系统，涵盖了诸多相互作用的组成部分。这

---

① 胡蓉. 生态语言学视域下的大学英语教学与实践[M]. 北京：北京工业大学出版社，2021：28-33.

个系统不仅包括人,如学生、教师、家长以及其他教育工作者,也包括教育活动本身,如教学、学习、评估等。这些活动是教育系统的核心,它们在不断发生和演变中塑造着教育的过程和结果。环境因素包括自然环境、社会规范、文化背景等,对教育生态系统有重要影响。

教育生态学强调教育系统内部各元素之间的相互依赖和相互作用。系统中的每一个部分都与其他部分紧密相连,形成一个错综复杂的网络。这意味着系统内任何单一元素的变化都可能引发整个系统的连锁反应。例如,教学方法的改变不仅会影响学生的学习效果,还会对教师的教学策略产生影响,甚至引起家长和社区的反应。除了系统内部的相互联系,教育生态系统与其外部环境的互动也十分关键,包括对自然生态环境、社会规范和文化背景的适应。例如,教育系统需要适应社会文化的变化,以保持其相关性和有效性。教育系统内部的关系,如竞争、合作和共生等也在不断演变,推动系统的进化和发展。

运用教育生态学的理念,人们可以将英语教学视作一个独立的生态系统。在这个系统中,教师、学生、教学内容和方法等元素相互作用,共同影响教学过程和学习成果。从宏观角度看,英语教学需要与外部的教育生态因素(如社会需求、文化趋势等)保持动态平衡。在微观层面,教育生态学关注教学内部的各种关系,如教师与学生之间的互动、教学方法的适应性等,以确保教育生态系统的和谐发展。通过这种全面和动态的分析视角,教育生态学为理解和改进教育实践提供了深刻的见解。

(二)主要特征

1. 整体性

生态化教学模式的核心特征之一是整体性,这一特征源自生态世界观的认识,强调教学过程中各要素的相互联系和作用。这种整体性体现在教学过程的有机性、目标的全面性、内容的跨学科整合性以及研究方法的系统性上。在教学过程中,教师、学生、教学内容和方法等相互影响，共同构成一个有机整体；教学目标是促进学生在综合环境中全面发展；教学内容跨越学科界限，实现知识的整合；研究方法则从多角度全面分析教学过程。

2. 自组织性

生态化教学模式的另一个关键特征是自组织性，即教学系统在不受外部直接影响下的自发和自主运作。这一特性表现为教学系统中各要素的相互依存与协调，以及系统对外部环境变化的适应能力。自组织的主要动态现象包括自我更新和自我超越，即教学系统在维持基本结构的同时能不断更新部分内容，以及在学习和发展中创造性地突破界限。在教学过程中，各因素通过相互输入输出实现互补，通过互动和反馈排除不利因素，实现自我调整和更新，推动教学系统的整体发展。

3. 开放性

生态化教学模式的开放性强调教学系统不是封闭的自循环体系，而是一个开放的系统。这种开放性体现在两个层次：首先是教学系统与外界的开放性，即教学活动与自然环境、社会文化之间的信息交流。这种交流使得教学过程能够获得发展所需的资源和动力，并促进教学内容与自然、社会、文化以及学生个体之间的协调发展。其次是教学系统内部各子系统间的开放性，包括教学目标、过程、内容和评价等方面的信息交流。这种内部交流保持了系统的整体性，使各子系统共同构成一个有机的整体。生态化教学的开放性赋予了教学过程更多的生机和活力，使其能够更好地适应和反映不断变化的教育需求和社会环境。

4. 丰富性

生态化教学模式的丰富性主要源自其教学内容的多样性和对学生个性的尊重。这种教学模式提供了丰富的课程资源，将课程定义为教育性经验，拓展了传统的课程界限。它不仅包含显在课程（如学科内容和教材），还包括潜在课程，如学生的行为改变和内在感受。生态化教学注重尊重学生的个体差异，并以促进学生的个性化发展为目标。这种丰富性使得教学过程能够更全面地满足学生的多元化需求，促进学生在多方面的成长和发展。通过提供多样化的学习经验和尊重学生个性，生态化教学能够更有效地激发学生的学习兴趣和潜能，为他们提供更全面和更深入的学习体验。

二、生态化教学模式构建

（一）培育师生间和谐共生的教学生态

在英语教学中，培育师生间和谐共生的教学生态是生态化教学模式的关键。教师需要提升学生对于英语学习重要性的认识，强调其在个人发展和文化传播中的作用。依据文秋芳教授的见解，高校英语教学的目标不仅是提高学生的语言技能，更重要的是培养学生的文化自信和民族自豪感。这要求教师在教学中融入情感教育，激发学生用英语讲述中国故事的热情，促进中国文化的国际传播。通过这种方式，学生能够意识到自己的学习与国家的发展和文化传承密切相关，从而更加积极地参与英语学习和交流，有助于促进师生关系的和谐共生。

加强教师的生态育人理念和文化素养也至关重要。教学理念是教师进行教学活动的基本信念和态度，影响着教育的质量和效果。教师应树立生态育人的教学观念，重视师生共同成长和可持续发展，采用包容和科学的教学方法。通过深入研究中国文化和英语教学资源，教师能够在教学过程中有效整合和传递中国文化，加深学生对中国文化的理解和认同。教师的文化素养和专业成长对于挖掘教学内容中的文化元素并传授给学生至关重要，它也有助于构建一个内容丰富、文化生动的英语教学环境。在这样的生态化教学模式下，师生关系变得更加和谐，学生对中国文化的认识和传承得到加强，文化自觉和文化自信得到提升。

(二)生态化英语教学中的文化比较学习

生态化英语教学强调在语言学习中融入文化内容,特别是通过比较学习来深化学生对中西文化的理解。在这种教学模式下,教师通过比较中西方的政治经济体系、传统节日、哲学思想、教育理念及音乐形式等,引导学生探索中西方文化的共性与个性,加深其对不同文化背景下语言使用的理解。例如,通过浸入式教学法,教师可以在讲解中国传统节日时,不仅介绍节日的英文表达方式,还深入解析节日背后的文化意义和历史背景,帮助学生理解中华民族的思想精华和文化特点。

教学内容的选择和设计旨在提高学生的跨文化交际能力和文化输出能力,特别是在理解和表达中国文化方面。通过对比分析中西方文化的不同,学生能够在尊重文化差异的基础上,建立起坚实的语言和文化基础,为"中国文化走出去"战略贡献力量。这种教学方法不仅有助于世界更好地理解中国文化,减少文化误读,还有助于促进全球多元文化的和谐共生。

(三)促进英语教学生态系统的良性运行

在高校英语教育生态化教学模式的实施过程中,促进教学系统内各元素间的有效互动和信息流通是关键。通过整合信息技术,教师能够设计更具互动性和参与性的教学活动,如在线讨论、协作学习等,促进学生在学习过程中的主动参与和深度思考。这种教学模式不仅有助于学生掌握英语语言技能,更重要的是激发学生对中国文化的兴趣,增强他们用英语介绍中国文化的能力。

同时,生态化教学模式强调教学内容的实时更新和适应性,要求教师和学生共同关注时代发展和社会变化,将时事新闻、文化热点等融入教学内容,使教学更贴近现实,增强学生的跨文化交际能力。通过这种方式,英语教学生态系统不仅维持了与外部环境的开放性交流,还促进了教学内容的创新和学生能力的全面发展，推动了英语教学的良性、可持续发展。

第四节 高校英语教育数字化教学模式

一、数字化教学模式概述

数字化教学模式是一种利用数字技术和互联网资源支持和改进教学过程的教学模式。它通过集成多媒体教学工具、在线学习平台、虚拟现实技术、人工智能等现代信息技术，旨在提高教学效率、优化教学资源、促进个性化学习和提升学习体验。

数字化教学模式通过整合视频、音频、图形、动画等多媒体元素以及交互式教学软件和应用程序，为教学内容带来了丰富多彩和生动有趣的表现形式。这种多样化的信息呈现方式极大地满足了不同学习风格学生的需求，有效提升了学习效果。同时，通过利用网络平台和在线课程资源，这一模式突破了传统课堂教学的时空限制，赋予学习过程极大的灵活性。学生可以依据个人的时间安排和学习节奏，在任何地点自主学习，而教师也能利用这些平台提供及时的反馈和指导。数字化教学模式还利用数据分析和人工智能技术为学生提供个性化的学习资源和路径推荐，从而提高了学生的自主学习和自我调节能力。这一模式不仅使教学内容和方法更加多元和互动，还为学生的个性化学习和自主发展提供了强有力的支持。

二、数字化教学模式的特点

作为现代教育技术的重要体现，数字化教学模式极大地丰富和优化了教学过程。以下是数字化教学模式的四个主要特点。

（一）灵活性

数字化教学模式的灵活性主要体现在时间和空间的自由上。在传统教学模式中，学习通常受限于固定的时间和物理空间，如课堂和教室。然而，数字化教学打破了这些限制。学生可以根据个人的日程安排，随时随地访问在线课程和学习材料。例如，通过在线学习平台，学生能在家中观看录播讲座、参与网络研讨会或完成在线测验。这种灵活性特别适合非全日制学习者、在职人员或居住在偏远地区的学生，为他们提供了平等的学习机会。此外，灵活的学习模式还支持学生根据自己的学习进度和风格进行学习，实现个性化的教育体验。这种学习模式不仅提高了学习的效率，还激发了学生的学习动力和主动性，为他们提供了更为丰富和个性化的学习体验。

（二）多样性

数字化教学模式的多样性体现在教学内容、方法和资源上。这种模式使教师能够利用丰富的多媒体工具（如视频、音频、动画、图形等）呈现教学内容，使得学习体验更加生动有趣。例如，通过动画和模拟实验，复杂的科学概念可以被简化和直观地展示，从而促进学生的理解和提高他们的学习兴趣。此外，数字化教学平台提供了各种交互式练习和游戏化学习元素，这些元素可以根据学生的反应进行调整，使学习过程更加吸引人。多样性还体现在教学方法的创新上。例如，教师可以结合翻转课堂、项目式学习、混合学习等多种教学方法，提供多样化的学习体验。这种多样性不仅丰富了学习材料和活动，还提高了学生的参与度和学习效果。

（三）可访问性

数字化教学模式的另一个关键特点是其高度的可访问性。互联网和数字化技术的普及使得学生无论身处何地，都能轻松访问大量的教育资源。这种无处不在的学习机会对于提高教育的普及率和平等性具有重要意义。无论是边远地区的学生，还是有特殊需求的学习者，都可以通过互联网平台获取优质的教育资源。在线学习平台、开放课程、虚拟图书馆等资源的丰富性和易获取性，为所有学习者提供了平等的学习机会。此外，数字化教学模式的可访问性还包括对不同学习风格和需求的适应性。例如，视觉或听觉障碍的学生可以通过特定的辅助技术访问这些教育资源，确保所有学生都能公平地获得学习机会。

（四）互动性

数字化教学模式的互动性主要体现在师生互动和学生间互动上。通过在线讨论、实时问答、虚拟协作等方式，这种模式促进了学生之间以及师生之间的积极交流和合作。在数字化环境中，学生可以更加自由地表达自己的观点，参与课堂讨论。这种参与不仅限于课堂时间，还可以延伸到课后。同时，教师可以利用在线工具实时监测学生的学习进度和表现，提供个性化的反馈和指导。此外，学生间的协作学习也得到了加强。他们可以在网络空间中共同完成项目、讨论问题，从而培养团队协作能力和批判性思维。这种互动性不仅增强了学习的社会性和参与感，还提升了学习的深度和效果。

三、数字化教学模式应用

（一）数字化教学模块的设置

在大数据背景下，高校英语教学正逐渐从传统的语言教学模式转变为更加综合和多元的数字化教学模式。这种模式不仅着重于语言技能的提升，还强调专业素养和人文思辨能力的培养。为了实现这一目标，高校可以设计多层次、多模块的网络教学平台，结合自身特色和优势，为学生创设一个真实的语言学习环境。例如，高校可以设置基础英语听说模块、通用学术英语读写模块、职场和行业英语模块，以及文学欣赏和文化伦理模块等。这些模块可以紧密结合模拟实际应用场景，如通过模拟职场环境的交流练习，让学生在接近实际语境中使用英语。同时，高校可以通过加入高校联盟获取更多的在线课程资源，满足不同学生的学习需求。这种多模块的教学平台不仅丰富了教学内容，还提供了多样化的学习方式，如在线互动、虚拟现实体验等，使学生能够在多种语境中实践和体验英语学习，从而有效提高他们的语言能力和专业素养。

（二）数字化立体教材的开发

在大数据时代，传统的英语教材已无法完全满足数字化教学的需求。因此，开发数字化立体教材成为高校英语教学的重要趋势。立体教材包括文字、录音、多媒体课件、电子教案、电子档案袋、网络课件以及学生自主学习系统资源库和测试库等多种形式，它们共同支撑高校英语的教学。

这些多样化的教材有助于创建真实的语境或场景，为学生提供丰富的"有意义交际"和实践机会。例如，通过虚拟现实技术模拟的英语国家环境可以增强学生的沉浸式学习体验；网络课件和多媒体课件可以提供更加生动直观的学习材料。电子档案袋和自主学习系统资源库为学生提供了广泛的学习资源和个性化学习路径，增强了学习的自主性和灵活性。通过这些数字化立体教材，学生能够在不同视角下进行比较和分析，促进了他们对知识的深入理解和批判性思维的培养。同时，这些教材促进了师生间以及学生间的互动，增强了课堂的互动性和参与感。

（三）自适应学习系统的应用

自适应学习系统是数字化教学模式的重要组成部分，它利用智能教育软件和算法为学生提供个性化的学习路径。这种系统通过分析学生的学习进度、能力水平和偏好，自动调整教学内容和难度，以适合每个学生的方式呈现。例如，如果一个学生在某个英语语法知识点上遇到困难，系统会提供额外的练习和解释材料，帮助学生克服难点。同时，自适应学习系统能够推荐符合学生兴趣和学习目标的内容，增加学习的吸引力和有效性。这种系统能够促进学生的自主学习，因为它可以根据个人的进度和理解程度提供适时的支持，鼓励学生按照自己的节奏学习，从而提高学习效率和成就感。

（四）数据驱动的教学决策

数据驱动的教学决策是数字化教学模式的另一个重要方面。通过分析学习管理系统（LMS）收集的大量学习数据，教师可以洞察学生的学习行为、成绩趋势和参与程度。例如，教师可以监测学生对在线课程内容的访问频率和持续时间，从而了解学生对特定主题的兴趣和掌握程度。此外，数据分析还可以揭示学生在课程中的强项和弱点，教师据此可以调整教学策略，如为整个班级或特定学生群体提供额外的支持和资源。数据驱动的教学决策不仅使教学更加个性化和有针对性，也增强了教学的透明度和效果评估的准确性。通过对学习数据的实时分析和反馈，教师可以及时调整教学方法和内容，以满足学生的具体需求，提升教学质量。

第五节　高校英语教育线上线下教学模式

一、线上线下教学模式概述

（一）线上线下教学模式定义

线上线下教学模式，即将面对面的课堂教学和在线学习相结合的教学方法。这种教学模式并不是简单地在传统课堂教学中添加一些在线学习元素，而是将两者有机融合，形成一种新的教学方式。在这种模式下，教师和学生在课堂上的互动和交流得到保留，同时通过在线平台的支持，学生可以在自己的时间和空间里进行自主学习。这种教学模式的特点在于它既保留了面对面交流的直接性和互动性，又利用了网络技术的灵活性和广泛性。在实施过程中，这种模式要求教师对传统教学和在线学习内容进行精心设计和整合，以确保两种模式的有效结合，使得学习过程更加高效和个性化。

线上线下教学模式的内涵远不止在线和面授教学形式的简单组合。其核心在于如何通过这种结合实现教学目标的优化，即在恰当的时间，针对恰当的对象，运用恰当的教育技术，提供恰当的学习内容，从而提高学生的学习效果。在这种模式下，课堂面授的时间可能有所减少，但这并不意味着教学效果会降低，反而通过在线学习部分的自主性和灵活性可以补充和加强传统教学的不足。在线部分的学习允许学生根据自己的进度、兴趣和学习风格进行调整，实现个性化学习。同时，线上线下教学模式强调质量的重要性，即教师通过周密地设计和实施这一教学模式，可以实现课堂面授与在线学习的有效结合，从而提高整体教学的质量和效率。此外，这种模式在降低教学成本的同时，能够提高教学效益，实现传统教学和线上学习优势的互补，既发挥教师的主导作用，又体现学生的主体地位。

（二）线上线下教学模式特征

1. 动态发展性

线上线下教学模式具有显著的动态发展性。从线上线下混合学习的初步形态到现在的发展阶段，这种教学模式已经经历了多次迭代和完善。随着技术的发展和教育需求的变化，线上线下教学模式不断地引入新的教学技术、方法和内容，使得教学方式更加多样化和灵活。在这个过程中，教师能够根据学生的需求和技术的发展调整教学策略，使教学内容始终保持时代感和相关性。此外，这种教学模式的动态发展性还体现在对不断变化的教育环境的适应能力上，它能够有效地整合最新的教育理念和技术，为学生提供更加丰富和有效的学习体验。

2. 多元化

线上线下教学模式的多元化特点体现在其教学元素和理论基础的多样性上。这种教学模式结合了面对面的传统教学方法和在线学习的现代技术，形成了一个包含多个教学维度的有机整体。在理论基础方面，它融合了认知主义、行为主义、建构主义和社会文化理论等多种教育理论，为教学实践提供了丰富的理论支撑。这种多元化的特点使得线上线下教学模式能够满足不同学习者的需求，适应不同的教学场景，并且能够灵活地应用于各种教育水平和领域，如中小学教育、高等教育和教师培训等。

3. 实用性

线上线下教学模式的实用性体现在其在各个教育领域的广泛应用和有效性上。最初作为企业培训的一部分，这种教学模式已经成功地扩展到了教育领域，如中小学和高等教育。多年的实践和研究表明，线上线下教学模式能有效提高教学效果，增强学生的学习动力和参与度。它通过结合传统的课堂教学和现代的在线学习，为学生提供了更为丰富和灵活的学习方式，能够满足不同学生的个性化学习需求，提高教学质量和学习效率。

4. 时代性

线上线下教学模式的时代性特征显著体现在其与教育国际化和信息化的紧密结合上。在当今教育国际化的趋势下，这种教学模式适应了全球化背景下教育的需求，为学生提供了跨文化的学习机会和资源。同时，随着信息技术的不断发展和更新，线上线下教学模式也在不断地引入新的科技元素，如人工智能、大数据分析等，使得教学更加智能化和个性化。这种时代特征不仅使得线上线下教学模式保持了与时俱进的特点，也使其成为适应现代教育需求的有效教学方式。

二、线上线下教学模式的优势

（一）反馈及时、全面

线上线下教学模式的一个主要优势是能够提供及时、全面的教学反馈。在这种混合教学模式中，通过整合线上教育软件平台和传统面授课堂，教师可以获得更加全面的反馈信息。在线平台可以实时收集学生的学习数据，如作业提交情况、在线测验成绩和线上讨论的参与度，使教师能够快速了解学生的学习状态和需求。这些信息有助于教师及时调整教学方法和内容，解决学生在学习过程中遇到的问题。同时，学生可以通过这些平台即时向教师提出疑问和反馈，加强师生之间的互动。线上工具的使用还增强了教学过程中的互动性和参与感，使学生更加积极地参与学习，从而提高了整体教学效果和效率。

（二）促进个性化学习

线上线下教学模式还具有促进个性化学习的重要优势。在这种模式下，学生可以根据自己的学习风格、兴趣和需求，选择适合自己的学习方式和材料。线上平台提供了丰富多样的学习资源，如视频讲座、互动练习、虚拟实验等，学生可以根据个人喜好自由选择，从而增强学习的主动性和参与度。此外，线上学习的灵活性使得学生能够在任何时间和地点进行学习，这不仅扩展了学习空间，也为学生提供了更多自主探索和实践的机会。在个性化学习的过程中，学生还可以通过线上工具与同学进行协作和交流，增强了学习的社会性和学生的协作能力。这种个性化的学习方式不仅有助于提高学生的学习效果，还能激发学生的创新能力和深度学习的兴趣，从而在教学改革中发挥重要作用。

三、线上线下教学模式的步骤

（一）课前阶段

在采用线上线下教学模式展开教学时，教师在授课之前要针对具体的教学内容和学生的学习情况选择切合的课程资源，并且结合实际情况设计能够培养学生自主学习能力的学习任务，以充分利用教材和网络课程资源。通过一些网络平台，教师可以将教材中所涉及的学习计划、学习目标、学习重点、学习难点、学习主题等相应的预习内容和学习任务等及时发到学生手中，学生可以根据任务要求通过不同的方式，如个人独立思考、小组讨论等，有效地获取知识背景，高效地完成预习任务，而且在这一过程中，学生的自主学习能力也会相应提高。在这一阶段，教师可以利用自主式的学习平台，充分实现师生之间的互动，为学生提供有效的在线咨询，答疑解惑，向学生提供有针对性的辅导和帮助，进而切实提高学生的自主探究精神和自主学习能力。

（二）课堂阶段

在线上线下教学模式的课堂阶段，教师首先对学生的课前预习进行检查和分析，以确保学生已经对课程内容有了初步的了解和准备。其次，教师利用多媒体工具创设一个富有情境的教学环境，通过提出问题和情景模拟激发学生的思考和探究意识。此外，教师根据教学实际和课程主题设计具体的学习任务，如小组讨论、情景对话和角色扮演等，这些活动不仅能促进学生积极参与，还增强了课堂的互动性和实践性。在课程的最后阶段，教师鼓励学生进行总结和反思，如自我评价或互相评价，帮助学生深化对学习内容的理解，激发他们的学习动力和自主探究精神。这种教学方式不仅加深了学生对知识的理解和记忆，还促进了他们协作能力和应用技能的发展。通过这样的教学流程，线上线下教学模式能够充分发挥其优势，实现高效、互动和深入的学习体验。

（三）课后阶段

在线上线下教学模式的课后阶段，教师的角色转变为学习材料的补充者和指导者。通过提供丰富的混合式教学资源，教师可以有效地扩展学生的学习视野，并加深他们对课堂所学知识的理解与掌握。此时，教师可利用数字化平台上传额外的阅读材料、视频讲座或互动式练习，以此延伸和加深他们对课堂内容的理解。学生在课后也被鼓励主动利用网络资源，如在线学习平台和教育网站，寻找补充学习资料，进行自我复习和练习。这不仅能帮助学生巩固课堂学习成果，还能促进他们主动扩大知识范围，更全面地完成学习任务。课后学习的延伸和深入，对于培养学生的自主学习能力和形成终身学习的习惯具有重要意义。这种模式不仅加强了学生对知识的掌握程度，还激励他们在学习过程中持续探索和成长。

四、线上线下教学模式的构建策略

（一）提供支持框架

在线上线下教学模式的构建策略中，高校需要提供一个全面的支持框架，确保这种教学模式的有效实施。这个框架涉及战略规划、基础设施建设以及教师专业发展等多个方面。具体来说，高校应当将混合式教学作为一项重要的战略任务，进行相应的宣传和投入，如升级服务器、带宽和其他关键基础设施，以确保在线教学资源平台能够满足教学需求。此外，对于线上线下教学的推进，高校还需要鼓励和支持教师进行尝试和创新，通过提供高质量的培训，帮助教师掌握线上线下教学的关键技能。同时，构建教师专业发展的共同体，为他们提供一个学习、交流和互助的平台，对于促进教师在线上线下教学改革中的积极参与和持续发展至关重要。通过这种多方位的支持和鼓励,高校可以有效地推进线上线下教学模式的发展,提升教学质量和效果。

(二)设计混合课程

在线上线下教学模式的构建策略中,设计混合课程是关键步骤之一。这一过程需要从两个主要方面进行细致规划:课程布局和资源定位。

1. 课程布局

高校的首要任务是对整体课程进行宏观布局。在这个阶段,教学目标和关键知识点的确定至关重要。教学目标影响课程结构的搭建,决定了哪些知识点应当被优先处理,也影响了时间和资源的分配。高校教师需要根据这些目标制订每个知识点的详细教学计划,包括预习指导、课堂活动的组织、复习策略以及评估方法。这种系统化的规划确保了教学活动的有序进行,使学生能够沿着明确的学习路径前进。

2. 资源定位

精准定位教学资源对于提高教学效果同样至关重要。在完成课程的宏观布局之后,教师需要根据每个知识点的具体需求,精心挑选和安排相应的教学资源,包括线上资源(如电子教材、互动课件、视频讲座)以及线下活动(如小组讨论、实验操作等)。资源的精确匹配不仅有助于提升学生的学习兴趣和参与度,还能有效提高学习效率和成果。通过这种综合性的课程设计,线上线下教学模式能够更好地发挥其教学潜力,为学生提供一个全面、高效的学习环境。

第五章 高校英语教育教学方法的创新应用

第一节 高校英语教育课堂辩论教学法

一、课堂辩论教学法的产生和内涵

课堂辩论教学法源于对提高学生英语实际应用能力、批判性思维和公共演讲技巧的需求。随着 21 世纪全球化进程的加快和国际交流的日益频繁，英语教育不再仅仅关注语法知识和词汇量的积累，而是更加重视学生语言综合运用能力的培养。辩论教学法因其独特的教育价值和实践意义，被越来越多的教育工作者和学者认可，并逐步应用于英语课堂中。这种教学法通过模拟辩论的形式，激发学生的学习兴趣，提高他们的语言表达能力和逻辑思维能力，使学生能够在参与辩论的过程中主动学习和使用英语，从而达到学以致用的目的。

课堂辩论教学法注重通过辩论活动促进学生英语综合应用能力的提升，同时培养学生的批判性思维、解决问题能力和团队合作精神。在这种教学模式下，教师通常会提出一个具有争议性的话题，让学生分成正反两方进行辩论。这一过程要求学生不仅要有充分的准备，还要在辩论中快速思考、清晰表达自己的观点,并有效地反驳对方的论点。通过这样高度互动和具有挑战性的学习活动,学生能够在实践中深化对英语语言和文化的理解,同时提升个人的综合素养。辩论教学不仅让学生在学习英语的同时获得乐趣,还为他们将来在全球化的世界中有效沟通和展现自我提供了宝贵的技能和经验。

二、课堂辩论教学法的特点

(一)思维训练的多元性

课堂辩论教学法展现了其在思维训练上的多元性。这一方法不单单让学生在学习英语的过程中停留在语言知识的积累上,而是引导学生多角度、多维度地审视和分析问题。在辩论的准备和实施过程中,学生需要从不同的视角出发,对同一问题进行全面、深入的探讨,这种过程强化了学生的综合思维能力。学生在收集材料、构建论点时,不仅要考虑自己立场的合理性,还要预测对方可能的反驳点和论证策略,从而进行有效的反驳和辩护。这种多元性的思维训练有助于学生培养开放的心态和全面的思考习惯,为其日后解决复杂问题提供了有力的思维工具。

(二)互动交流的激烈性

课堂辩论教学法的另一特点是其激烈性,这种激烈性不仅体现在辩论双方的论点交锋上,更体现在思想的碰撞和言辞的交流中。课堂辩论教学法通过模拟真实的辩论场景,让学生在紧张而充满挑战的环境中锻炼自己的快速反应能力和应变能力。学生在辩论中必须迅速捕捉对方论点的弱点,灵活调整自己的策略,并在有限的时间内以清晰、有力的语言进行反驳。这种激烈的互动交流不仅提升了学生的语言表达能力和逻辑思维能力,也增强了他们在压力下保持冷静和自信的能力。通过这样的实践,学生能够在真实对话和辩论中更加自如和高效地运用英语进行沟通。

（三）学习体验的自主性

课堂辩论教学法还体现了强烈的自主性特点。在这一教学模式下，学生是学习过程的主导者，他们需要自主地选择辩论话题、收集资料、组织论点，并准备辩论策略。这一过程中的自主性要求学生对自己的学习负责，促使他们主动探索和解决问题，而非被动接受知识。教师在这个过程中提供必要的支持和指导，扮演的是引导者和协助者的角色，但核心的学习活动需要学生自己来完成。这种自主性不仅提高了学生的学习效率和效果，也培养了他们的自我管理能力和终身学习的能力。

（四）知识共享的互惠性

课堂辩论教学法在知识共享上展现出明显的互惠性。学生在准备和参与辩论的过程中，不仅能够深化自身对知识的理解，还能通过团队合作和对话交流，与他人分享自己的发现和见解。这种辩论过程中的互惠性体现在学生之间的相互学习和成长上，他们能够从队友和对手那里获得新的知识和不同的视角，拓宽自己的认知范围。此外，通过公开的辩论和评价，学生优秀的想法和策略可以成为班级的共享资源，促进了整个学习群体的知识积累和智慧提升。

（五）学习过程的反思性

课堂辩论教学法强调学习过程的反思性。在每次辩论活动后，教师会引导学生进行反思和总结，让学生思考自己在辩论中的表现，识别自身的强项和弱点，并探讨如何在未来的学习和辩论中进行改进。这种反思性的学习不仅帮助学生巩固了辩论中获得的知识和技能，还促进了学生对自我学习过程的深入理解，使他们能够更加清晰地认识自己的学习目标和路径，从而在未来的学习中更加有目的和高效率地进行探索和实践。

三、课堂辩论教学法的实施

（一）确定辩论主题和分组

英语课堂辩论的实施首先从确定一个既具有教育意义又能激发学生兴趣的主题开始。例如，选择"全球化对教育的影响"作为辩论主题，这不仅是一个广泛讨论的热点问题，也与学生的实际生活和未来发展紧密相关。教师可以根据学生的英语水平和兴趣爱好进行分组，确保每组中的学生在能力和兴趣上有一定的平衡，以促进团队内部的有效合作。接着，教师需要明确辩论的具体规则，包括每组的发言时间、反驳环节的安排等，同时介绍如何使用英语进行有效的辩论，如如何构建有力的论据、如何使用逻辑连接词（例如，"furthermore""however""therefore"）增强论点的连贯性。

（二）准备阶段

在准备阶段，学生需要围绕辩论主题进行深入研究，收集相关的英语材料和信息。以"全球化对教育的影响"为例，正方可以从正面影响出发，搜集全球化如何促进教育资源的共享、如何提高教育质量等方面的英语资料。反方则可关注全球化可能导致的教育不平等、文化同质化等问题。学生在这一阶段要学会如何用英语表达专业术语，如"education equity"（教育公平）、"cultural homogenization"（文化同质化）等，并能够使用英语对收集到的资料进行分析和整理，准备辩论发言稿。

（三）辩论和评价阶段

辩论阶段是整个教学活动的高潮，学生按照既定规则进行辩论。在实际辩论中，学生要运用之前准备的材料和英语表达技巧，清晰、有逻辑地陈述自己的观点，并对对方的论点进行反驳。例如，正方提出:"Globalization facilitates the cross-cultural communication, which is beneficial for the innovation in education."(全球化促进了跨文化交流,这对教育创新有益。)反方可反驳说:"But it also risks leading to the loss of local educational identities and values."(但它也可能导致地方教育特色和价值的丧失。)辩论结束后,教师和学生共同参与评价,不仅评价每位学生的表现,还让学生进行自评和互评,反思辩论中的表现和语言使用,从而在实践中深化对英语知识的理解和应用。通过这样的实施步骤,课堂辩论教学法能有效地促进学生英语综合运用能力的提升。

第二节 高校英语教育产出导向教学法

一、产出导向法的产生和内涵

产出导向法(production-oriented approach)由文秋芳教授于2011年提出,标志着中国大学英语教学领域的一次重要创新。这一理论的形成是为了解决传统英语教学方法中存在的问题,特别是学生实际英语应用能力不强的问题。文秋芳教授通过深入研究和实践,将中国传统教育思想、课程论以及第二语言习得理论相结合,逐步完善了这一全新的应用语言学理论体系。产出导向法经过多年的发展,已成为一个成熟的教学理念,受到了广泛的关注和应用。这一方法的核心在于通过实际的语言产出活动——包括说、写和口笔译——驱动语言输入,强调以学生的实际运用能力提升为目标,从而推动英语教学方法的革新。[①]

在产出导向法的框架下,教学过程的设计和实施强调学习者的主体性和实际应用能力的提升。这种方法倡导一种平衡的教学模式,既非完全以教师为中心也非完全以学生为中心,而是通过激发学生的主动性和

[①] 文秋芳.产出导向法:中国外语教育理论创新探索[M].北京:外语教学与研究出版社,2020:3-16.

积极性，引导他们参与实际的语言使用活动。在教学过程中，教师通过设计贴近学生生活经验和未来职业发展需要的任务，使学生在完成这些任务的过程中体验学习的实用性和价值。产出导向法通过这样的教学设计，旨在形成一个促进语言输入与产出相结合的良性循环，使学生能够在语言实践中有效地巩固和内化所学知识，从而提高其英语交际能力。

二、产出导向法的理论支撑

（一）教学理念

1. 以学习者为中心

在产出导向法中，将学习者置于教学活动的核心，是实现有效教学的关键。这种以学习者为中心的教学策略，突出了教师在课堂上的多重角色，包括学习的促进者、学习策略的咨询者，以及学习过程的支持者和指导者。教师根据学习者的需求和学习目标，设计并组织多样化的教学活动，引领学习者通过互动和探索达成学习目的。这样的教学环境鼓励学习者主动参与、积极探索，确保他们的个性化需求和学习目标得到满足。这种教学方法不仅提升了学习效率，也加深了学习者对英语知识的理解和应用能力。

2. 输入与产出相结合

产出导向法的核心在于强化学习与使用的一体化原则，将输入（如听力和阅读）与产出（如口语和写作）的学习活动有机整合。这种整合不仅促进了学习者在接受知识的同时进行实践应用，也强调了通过实际使用语言巩固和拓展所学知识的重要性。这一教学模式通过设计贴近真实生活情境的任务，使学习者在完成具体的语言使用任务中体验学习的实际价值，进而实现语言能力的全面提升。这种学习模式的实施有效地缩小了理论学习与实际应用之间的距离，使学习者能够在真实的语境中提升自己的英语综合运用能力。

3. 全面发展导向

产出导向法倡导全人教育观点，致力促进学习者在语言学习之外的全面发展，包括道德、审美、创造性思维和跨文化交际能力的培养。这一教育原则强调，语言学习不仅是知识和技能的获取，更是人格和价值观形成的过程。通过将人文精神融入教学设计，产出导向法能够培育学习者的全面品质，包括批判性思维、创新能力及良好的跨文化沟通技巧。教师在这一过程中，不仅传授语言知识，还通过各种教学活动，引导学习者探索、思考和批判，从而在学习语言的同时实现自我成长和价值观的形成。这种全方位的教育理念，使产出导向法不仅仅是一种语言教学方法，更是一种全人教育的实践策略。

（二）教学假设

产出导向法的教学假设主要包括产出驱动、输入促成、选择性学习和以评促学四个方面的内容。

1. 产出驱动

在产出导向法中，产出驱动作为教学设计的核心，强调以学生的语言实际产出为动力，促进学习者在语言应用过程中主动识别并弥补自身的不足。通过设置具体的语言使用任务，如项目报告、小组讨论等，学习者被引导在真实或模拟的交际情境中使用英语，这一过程不仅促使学习者主动探索和实践，还激发了他们对知识探求的内在动力。教师在这一学习机制中起着关键的指导作用，他们不仅要设计切实可行的产出任务，还要在学习过程中为学生提供及时反馈，帮助他们聚焦于提升语言运用能力。这种以产出为驱动的教学策略，有效地建立了一种积极向上的学习环境，鼓励学生在语言实践中不断进步。

2. 输入促成

输入促成策略在产出导向法中占据重要位置，其目标在于通过有策略地提供语言输入，为学生的语言产出奠定坚实基础。这一策略要求教师根据学生的学习需求和兴趣，精心选择和组织教学材料，确保所提供的输入既丰富多样又高度相关，能够切实提高学生的语言接收和处理能力。在实施过程中，教师需要考虑学生的个体差异，采用个性化的教学方法，以促进每位学生的更大发展。通过这种有针对性的语言输入，学生能够在理解和吸收新知识的基础上更有效地进行语言产出。教师还应鼓励学生主动寻求外部资源，拓宽语言输入的渠道，这不仅有助于提升他们的语言理解能力，也能够激发他们的学习兴趣和自主学习能力。

3. 选择性学习

产出导向法中的选择性学习策略，注重教师基于学生的实际需求和目标任务对教学材料进行细致筛选和优化。这种策略要求教师深入理解课程目标与学生的产出任务之间的内在联系，精心选择那些能够直接支持学生语言产出需求的输入材料。这样不仅能避免将宝贵的课堂时间浪费在较少相关或低效的内容上，还能确保学生能够集中精力处理对他们来说最为重要和有效的语言学习内容。选择性学习还涉及教学策略的灵活调整，使得教学内容既能满足集体学习的需求，又能关照学生个体的差异，从而使每位学生的学习效益最大化，确保他们能够在完成特定任务的同时，有效地提升自己的语言能力。

4. 以评促学

以评促学的教学策略在产出导向法中具有重要地位，其核心在于将评价活动与教学过程无缝结合，形成一个促进学习深化和巩固的连续循环。在这一策略下，评价活动转变为一种动态的学习工具，不仅仅是学习成果的检测手段，更是学习过程的一部分。通过设计包括自我评价、同伴评价以及教师评价在内的多元评价机制，教师鼓励学生主动参与评价过程，从而使学生能够在评价过程中发现自我改进的方向，增强学习的自主性和主动性。这种评价方式的实施，不仅有助于构建积极的学习氛围，还能激发学生对知识掌握程度的深入思考，促使他们在语言学习和使用中追求更高标准，进一步提升语言产出的质量。

三、产出导向法的教学流程

产出导向法的教学流程分为三个阶段，即驱动阶段、促成阶段和评价阶段。

（一）驱动阶段

产出导向法在驱动阶段主要是激活学生的学习动机，通过具体化的教学活动验证产出驱动假设的实际效力。此阶段的核心在于通过精心设计的预备活动，确保学生对即将探索的语言使用场景和主题有一个全面的认识和兴趣。例如，教师可通过展示一个与即将学习的话题相关的视频或者故事，引发学生的好奇心和探索欲，为他们即将进行的语言产出任务设定语境。接着，学生被邀请参与具体的语言实践活动，如模拟一场讨论会或编写一封正式的信件。通过这样的实践尝试，学生将直观地感受到自己在语言应用上的不足，从而激发更加强烈的学习欲望和产生明确的学习目标。

随后，为了确保学生能够有效地应对产出任务，教师会精选与任务紧密相关的学习材料，如专业术语列表、实用短语集或特定语法结构的解释，以便学生能够在完成任务过程中有足够的语言资源。这种有目的的输入材料选择旨在直接支持学生的学习需求，使他们能够在理解和应用新知识的过程中，更加高效地达成学习目标。此阶段的设计不仅为学生提供了清晰的学习方向，也为他们今后的语言学习和应用奠定了坚实的基础，进而有效促进了学习者的语言能力提升。

（二）促成阶段

在产出导向法的促成阶段，教学活动聚焦于通过精确制定的教学策略验证输入促成假设的有效性。在这一阶段，教师的首要任务是将整体的产出任务细化为一系列可操作的子任务，旨在使学生能够在较小的学习单元中集中精力，逐步建立起完成整体任务所需的知识和技能。例如，如果产出任务是准备一场关于环保的演讲，教师可以将其拆分为研究环保现状、探索解决方案和设计演讲稿等子任务。随着每个子任务的完成，学生对于整个主题的理解将逐渐加深，同时他们也能在每一步中培养必要的语言表达能力。

接下来，为了确保每个子任务都能得到充分的支持，教师需要为学生提供精选的输入材料，这些材料直接关联到子任务的具体要求。通过这种方式，学生可以在具体的学习环节中接收到高度相关和有深度的语言输入，如提供环保议题的专业阅读材料、观看相关主题的纪录片等。这样不仅能提升学习的针对性和效率，还能激发学生对话题的兴趣和深入探究的动力。

在促成阶段的进一步实施中，尊重学生的认知发展水平和个体差异是至关重要的。教师提供的输入材料应涵盖不同的难度和类型，以便学生能够根据自身的学习能力和进度进行选择。这种自主选择的过程不仅有利于学生根据个人需求定制学习路径，还有助于增强他们的学习自主性和责任感。在准备演讲稿的子任务中，学生可以选择不同深度的资料进行研究，从基础的环保知识入手，逐渐过渡到更复杂的政策分析和批评性讨论。

（三）评价阶段

产出导向法在评价阶段强调通过制定具体且明确的评价标准来引导学生明确学习目标，确保学习活动的有效性。这些评价标准能够为学生提供清晰的学习方向和期望，使他们在完成各项语言任务时能够自我监督并调整学习策略。例如，在设计一个以团队项目报告为产出任务的情况下，教师会明确项目报告的内容要求、语言准确性、团队合作等评价指标。这样，学生在准备报告的过程中，不仅要关注信息的收集和整合，还要注意报告的表达方式和团队协作，从而全面提升语言技能及团队合作能力。

在学生完成产出任务后，教师选取具有代表性的作品在课堂上进行详细分析和讲评，这一环节是评价阶段的核心。这种评价方法不仅可以展示学生的优秀成果，也能指出普遍存在的问题，为学生提供具体改进的方向。举例来说，如果任务是制作一个关于环保主题的短视频，教师在课堂上可以选取几个视频进行案例分析，指出在视频制作过程中的创意表达、内容准确性以及语言使用等方面的优点和不足。与此同时，教师还可以引导学生进行小组讨论，分享各自的观点和反思，进一步深化他们对于语言知识和技能的理解。

评价阶段的最后一环节是设计有针对性的练习和自我评价或互评活动，以促使学生针对课堂讲评中提出的共性问题进行深入练习和反思。这种练习不仅限于课堂内，也可延伸到课后，鼓励学生在实际语言使用场景中应用所学知识，如通过编写一篇关于环保意识提升的博客文章，加强对课堂讲评内容的理解和应用。同时，通过自评和互评，学生能够在互动交流中获得更多不同视角的观点，对自己的学习成果进行全面评估，识别自身的强项和待改进之处。这种评价和反馈机制不仅促进了学生对知识的深入理解，还激励他们不断调整学习方法，以实现持续的自我提升和优化。

第三节　高校英语教育角色扮演教学法

一、角色扮演法的主要作用

角色扮演法在教学领域中，特别是在语言学习中起到了独特而重要的作用。它通过模拟现实生活中的各种场景，让学生进入特定的角色，进行相应的对话和互动，从而在一个几乎真实的环境中运用目标语言。这种教学方法的核心在于提供一个实践的平台，让学生能够在不受现实生活约束的情况下自由地使用语言。通过这种模拟的实践活动，学生可以更加自然和流畅地应用学到的语言知识。角色扮演法通过这种互动式的学习过程，不仅加深了学生对语言结构的理解，还提高了他们应对不同交际情境的能力，使语言学习过程更加生动和有效。

（一）拓宽视野与对文化的深度探索

通过扮演不同的社会角色，学生在角色扮演活动中得以穿越到不同的文化和社会背景之中，从而获得了宝贵的跨文化体验。这种教学策略不仅仅局限于语言技能的提升，更能促进学生对多元文化的理解和认识。在角色扮演的过程中，学生被引导思考和体验不同文化背景下人们的行为模式和思维方式，这种体验有助于培养学生的全球视野和文化敏感性。通过这样的教学活动，学生能够更深刻地理解语言和文化之间的紧密联系，进而在语言学习中融入更多的文化元素，使学习过程不仅限于文字和语法，更涵盖对文化的深度探索和理解。

（二）增强个人能力与团队合作精神

角色扮演法作为一种动态的教学手段，极大地促进了学生社交技能和团队合作能力的发展。在这种互动密集的学习环境中，学生被鼓励与他人合作，共同完成任务，这不仅考验了他们的语言应用能力，更是对他们的社交能力和团队合作精神的重要锻炼。学生在角色扮演的过程中学习如何表达自己的观点,如何倾听他人的意见,如何在团队中发挥作用,以及如何共同解决问题。这种教学方法通过提供一个充满挑战与机遇的平台,不仅激发了学生的学习热情,还帮助他们在实际交往中提升了解决问题的能力,增强了个人的自信心以及在集体中的责任感。

二、角色扮演法的理论基础

角色扮演法作为一种创新的语言教学策略,其理论根基部分植根于语言学的核心观念,尤其是乔姆斯基的天赋语言理论和海姆斯(D.H. Hymes)的交际能力框架。乔姆斯基提出的天赋语言理论认为,语言习得是人类的一种固有能力,这为角色扮演法提供了生物学基础,强调语言能力的自然发展过程。而海姆斯对交际能力的阐述,则进一步扩展了语言教学的视野,明确了语言教学不只是语法和词汇的传授,更重要的是提升学生利用语言进行有效沟通的实践能力。角色扮演法正是基于这样的理论基础,通过让学生在模拟的社会交际场景中扮演各种角色,实践语言使用技能,从而促进了学生在语言知识和交际技巧上的全面发展。

从心理学角度看,角色扮演法受到人本主义心理学及莫雷诺(J.L. Moreno)的角色理论的显著影响。人本主义心理学强调教育应以学生的需求和个性发展为中心,提倡学生的自主性和自我探索。角色扮演法通过创设一个支持性的学习环境,让学生在扮演不同角色的过程中自我表达和自我探索,这不仅有助于学生建立自信,也促进了他们对自我和他人的深入理解。同时,莫雷诺的角色理论强调通过角色扮演,个体可以在没有风险的情境中尝试不同的社会角色,这种方法有助于学生探索自身身份,提高适应社会的能力和解决问题的技巧。

在教育学的范畴内,角色扮演法的应用受到功能主义理论的启发,该理论倡导教育活动应注重实践效果和应用价值。角色扮演法恰好体现了这一理念，它通过模拟真实或假想的社会场景，使学生在具体的互动中学习和应用语言及社交技能。这种教学方法通过实践活动的设计，强调学习内容与实际生活的紧密联系，旨在提高学生将理论知识应用于实际情境中的能力。通过参与角色扮演，学生不仅能够在安全的环境中尝试错误，还能够在反思和讨论中深化对学习内容的理解，促进个人的全面发展和社会适应能力的提升。

三、角色扮演法的两大类型

国内有学者把角色扮演法分为两类：一种是控制式角色扮演，另一种是自由式角色扮演。控制式角色扮演又分为完全控制式角色扮演和半控制式角色扮演两种。

（一）控制式角色扮演

1. 完全控制式角色扮演的结构化实践

在英语教学中，完全控制式角色扮演作为一种结构化的学习活动，为学生提供了一个严格定义的语言应用环境。此类角色扮演的核心在于提前由教师设计好的对话框架和具体情境，学生在这一框架内运用已经学习的语言材料进行角色扮演。这种预设的结构减轻了学生的表达压力，尤其对初级阶段的学习者来说，能够有效地增加他们使用目标语言的自信心。通过模拟实际对话，学生可以在安全的学习环境中尝试并实践基础的句型和词汇，同时教师能够通过观察学生的表现评估他们对特定教学内容的掌握程度。例如，教师可以设计一个餐厅点餐的情境，学生根据角色卡片上的信息，使用特定的句型和词汇进行点餐对话练习，这样的活动既有趣又具有针对性，有助于巩固课堂上学到的语言知识。

2.半控制式角色扮演的创造性拓展

半控制式角色扮演在英语教学中则体现了一种中等程度的结构性和自由度。在这种活动中,教师设定基本的情境和角色背景,但留给学生更多的空间去发挥和构建对话内容。这样的教学方法可以激发学生的创造力和主动性,使他们能够在理解角色的基础上自主地展开对话和互动。这对于具有一定语言基础的学生而言,是一个极好的机会来练习如何在实际情境中灵活运用语言。例如,在一个模拟旅游咨询的活动中,学生需要扮演旅客和咨询员两个角色,根据旅客的需求提出问题,并做出回答。这要求学生不仅要理解角色的需求,还需要结合个人经验和知识,创造性地完成交流任务。通过这种半控制式的角色扮演,学生的语言应用能力和思维能力都将得到有效提升。

(二)自由式角色扮演

1.自由式角色扮演的开放探索

自由式角色扮演在英语教学中推崇一种开放性的学习环境,其中学生被赋予了广阔的空间来展示他们的创意和语言能力。通过这种方法,学生被置于一个基本的情境之中,任务的细节、角色的性格、对话的内容等都需要学生根据自己的理解和想象来完善和构建。这种角色扮演方式的核心是鼓励学生自主探索和表达,摆脱传统教学方法中对语言形式和内容的严格限制。学生在这一过程中不仅能够练习语言知识的应用,更重要的是能够在真实情境下锻炼自己的语言逻辑组织能力和即兴反应能力。例如,在一个模拟国际会议的活动中,学生可以自由地选择代表不同国家,就一个国际热点问题展开讨论,这要求学生不仅要充分准备自己的立场和论据,还要根据对方的发言灵活调整自己的策略。

2.创造性表达的激励机制

自由式角色扮演强调学生个性化的创造性表达,为学生提供了一个展现个人才华和语言技巧的平台。在这种活动中,学生有更多的机会尝试不同的语言表达方式,探索语言的多样性和丰富性。这种教学方式特别有助于提升学生的自我表达能力和创新思维,使他们能够在没有严格限制的情境中自由地使用语言,表达自己的思想和情感。学生在自由式角色扮演中所展现的高度自主性和创造性,能够极大地激发他们对语言学习的兴趣和热情。教师在这一过程中扮演的是辅导者和启发者的角色,他们不仅提供必要的语言输入和指导,更重要的是鼓励学生勇于尝试和创新,帮助学生在自由表达中发出自己的声音。

3. 真实交流的模拟环境

自由式角色扮演通过模拟接近真实生活的交流环境,有效地提升了学生的语言实际应用能力。在这样的教学活动中,学生需要根据给定的基本情境,完全依靠自己的语言知识和社交技巧扮演角色和完成任务。这种方式不仅能够让学生在安全的模拟环境中练习真实的语言交流,还能够帮助他们理解和适应多种社会交往场景。通过这种实践,学生能够更好地理解语言在不同文化和社会背景中的运用,提高他们的跨文化交际能力。自由式角色扮演作为一种高度灵活和开放的教学方法,为学生提供了一个通过语言探索世界、理解多元文化的独特途径。

四、角色扮演法的教学应用

(一)实施增强语言基础的策略

在实施角色扮演法的过程中,教师对学生进行充分的语言准备是至关重要的一步,包括通过多样化的教学手段,如讲授、视频展示及互动式多媒体学习等,向学生提供丰富的语言输入。这种策略旨在帮助学生构筑起坚实的语言基础,为他们即将参与的角色扮演活动做好准备。教师可以精心挑选与角色扮演情境直接相关的词汇和表达方式,确保学生能够在活动中有效地应用。同时,教师应鼓励学生主动探索额外的学习资源，如相关的阅读材料和听力练习，以便更好地理解即将扮演的角色的背景和语言需求。通过这样的前期准备，学生能够在角色扮演中更自信地运用目标语言，提高他们的语言应用能力。

（二）构建贴近实际的交际场景

在角色扮演法中，设计接近现实生活的交际场景对于激发学生的学习动力和提升语言实践能力尤为关键。教师需要依据学生的兴趣和生活经验，精心设计既有趣又具挑战性的情境，如在餐厅就餐、旅行中的日常对话、职场面试等多样化场景。这些情境不仅让学生有机会将学习的语言知识应用于具体的社会交往中，还能够让他们在模拟的场景中体验不同文化背景下的交际习惯和规则。通过参与这些设计精巧的角色扮演活动，学生不仅能够增强自己的语言表达和理解能力，还能够提高解决实际问题的能力，为将来的跨文化交流打下坚实的基础。

（三）逐步提高交际能力

角色扮演法在英语教学中的应用遵循一个由简到难、由具体到抽象的递进过程。在初始阶段，教师通过设置较为简单和结构化的角色扮演活动，如使用特定句型进行日常对话，帮助学生逐步熟悉基本的交际模式和语言结构。随着学生语言能力的提升，教师逐渐引入更开放和更自由的角色扮演情境，鼓励学生根据自己的理解和创意完善对话和推动情境发展。在这一阶段，学生被赋予更大的自主性，需要依靠个人的语言技能和创造思维应对更复杂的交际任务。这种递进式的教学方法不仅让学生在不断的实践中提高了语言交际能力，也激发了他们探索语言和文化的兴趣，培养了他们自主学习和创新思维的能力。

（四）形成综合性反馈机制

在角色扮演法的教学应用中，活动的反馈环节扮演着至关重要的角色，它不仅为学生提供了关于语言使用的具体反馈，还涵盖了他们的创造力、互动参与以及情感表达等多个维度。在活动结束后，教师通过综合性的评价方式，向学生反馈其在角色扮演过程中的表现，包括语言的正确性、表达的流畅度以及角色扮演的逼真度等方面。此外，教师还应引导学生进行自我反思和同伴评价，这不仅能够帮助学生深化对自己语言能力的认识，还能增强他们的批判性思维和自我改进的能力。通过这种多维度的反馈，学生能够全面了解自己在语言应用和社交互动中的表现，从而在未来的学习和实践中做出更加精准的调整和优化。

1.加强语言技能与社交能力的反馈指导

在角色扮演法中，教师的反馈指导不仅聚焦于学生的语言技能提升，更注重学生社交能力和情感表达的发展。教师在提供反馈时，除了对学生的语言表达准确性和流畅性进行点评，还会深入分析学生在角色扮演中的互动效果、团队协作能力以及情感投入的程度。通过这样的全面评价，教师能够帮助学生认识到非语言交际的重要性，并鼓励他们在未来的角色扮演活动中更加注重角色的内在情感体验和社交互动技巧的运用。此外，通过组织学生分享自己的角色扮演经验和感受，教师能够营造一个开放和互助的学习氛围，进一步增强学生的社会交往能力和团队合作精神。

2.促进自我成长的反思与评估

角色扮演法的反馈和评估环节还特别强调促进学生的自我成长。通过系统的反思与评估，学生不仅能够从技术层面审视自己的语言使用情况，更重要的是能够从心理和情感层面评估自己在角色扮演中的表现。教师通过设置具体的反思问题和评估标准，可以引导学生深入思考自己在角色扮演活动中的角色理解、情感表达和社交互动等方面的表现，以及这些表现背后的心理动因和情感体验。这种深度的自我反思和评估，不仅有助于学生提高语言表达和社交的能力，更有助于他们在个人成长和自我认知上获得宝贵的经验，为他们成为更加全面发展的个体奠定了基础。

第四节 高校英语教育自主学习教学法

一、自主学习教学法的主要含义

自主学习教学法的核心理念是将学习的主导权交给学生，强调学生在学习过程中的积极探索和独立思考。这种方法下，学生不再是知识传递过程中的被动接受者，而变成了积极的参与者，他们可以根据个人的学习兴趣和目标，主动选择学习的主题和路径。在这一教学框架下，学生能够通过发现问题、寻求解决方案并通过实践来构建个人知识体系，这一过程大大增强了学生的学习动力和参与感。学生的自我驱动力在这种教学模式下得到了充分发挥，使他们能够更加自信地面对学习挑战，逐步发展成为能够适应社会变革、具备终身学习能力的个体。

在自主学习教学法中，教师转变为学习的促进者和引导者，他们通过创设一个充满激励和支持的环境来促进学生的自主学习。教师通过提供多样化的学习资源和灵活的学习平台，为学生的自主探索提供支撑。同时，教师还负责引导学生如何有效地设置学习目标、规划学习路径以及评估学习成果，帮助学生建立起自我管理的学习模式。教师还需激发学生的合作精神，鼓励他们通过团队协作共同解决问题，从而在相互交流和协作中深化理解和应用知识。通过这样的教学方法，学生能够在教师的指导下，更有效地掌握学习策略，提升自我管理和自我评价的能力。

自主学习教学法强调学生掌握自我管理和自我评价的能力，这是自主学习成功的基石。自我管理能力包括如何合理安排学习时间、有效利用可用资源以及调控个人情绪和学习态度，这些能力的培养使学生能够在面对学习挑战时保持高效和积极的状态。而自我评价能力则使学生能够对自己的学习过程进行深入反思，识别学习中的优势和不足，从而在未来的学习中做出调整，优化学习策略。通过学习如何自我管理和自我评价,学生能够更加深刻地了解自己的学习方式,不断提高学习效率和质量,为终身学习奠定坚实的基础。

二、自主学习教学法的理论基础

(一)维果茨基的社会文化理论

维果茨基的社会文化理论强调学习是一个社会互动和内化的过程,为自主学习提供了深刻的理论基础。他提出的言语自我指导理论认为,学习者通过内化外部言语来调控和指导自己的学习活动,这一过程涵盖从外部言语到自我中心言语,再到内部言语的转化。维果茨基的"最近发展区"概念进一步阐释了教师和同伴在学习过程中的重要作用,他指出学习者在更有经验者的帮助下,能够达到当前发展水平之上的潜在发展水平。这一理论强调了学习者在社会互动中的主动作用,认为学习不仅是知识的获取,更是一种通过参与社会文化实践活动和互动而发生的内化过程。维果茨基的观点揭示了自主学习不仅需要个人的主动参与,还需要社会环境的支持和促进,强调了学习者、社会环境和文化工具三者之间的动态互动。

(二)班杜拉的观察学习理论

班杜拉(A. Bandura)的观察学习理论通过观察学习的概念,进一步展现了自主学习的复杂性和多维性。他认为,个体能够通过观察他人的行为及其后果学习新的行为模式,即使在没有直接经验的情况下也能发生学习。这一理论突破了传统学习理论的局限,强调了榜样或模仿在学习过程中的作用。班杜拉的实验研究显示,个体能够通过观察他人的示范行为设定自己的行为规范,说明学习者能够通过观察和模仿调节自己的行为。这种学习方式不仅限于行为的模仿,更涉及认知过程的内化和情感态度的影响。班杜拉的理论强调个体、行为和环境之间的相互作用,认为自主学习是个体在社会环境刺激下,通过内部认知过程主动调节自己行为的过程。这一观点为理解自主学习的社会和认知维度提供了重要的理论支撑。

(三)布鲁纳的发现学习理论

发现学习理论由布鲁纳(J.S. Bruner)提出,强调学习是探索、发现和构建意义的过程。这种理论认为知识的获取和认知结构的形成,是学生通过主动发现、解决问题实现的。在自主学习的教学实践中,发现学习理论鼓励学生在开放的学习环境中,通过自主探索和实践获得知识和技能。学生在教师的指导下,根据自己的学习需求和兴趣,选择学习内容和资源,通过自我引导的学习活动,积极探索问题的答案。这种学习方式使学生在解决问题的过程中不仅获得知识,还锻炼了自学能力和批判性思维能力。发现学习理论为自主学习提供了方法论上的支持,使学生能够在自我探索的过程中发展独立思考和持续学习的能力,从而适应知识不断更新的现代社会。

(四)个别化学习理论

个别化学习理论着眼于满足学生个体差异和发展个性的需求,将教学活动设计成以学习者为中心的自我教育过程。这种教学理念基于对学生自主性和个性化需求的深刻理解,强调教育活动应充分考虑每个学生的能力、兴趣和学习风格,从而为他们提供更适合的学习路径。在个别化学习中,学生成为学习过程的主导者,自主决定学习的内容、方式、时间和地点,这不仅增强了学生的学习动机,也促进了他们自主学习能力的发展。通过这种方式,教育不再是一种单向的知识传递,而变成一个学生通过自我探索和实践获得知识和技能的过程。个别化学习借助教学网络资源的多样性,为学生提供了丰富的学习材料和环境,使他们能够根据个人需求进行有针对性的学习,从而实现个性化发展和社会适应能力的提升。

三、自主学习教学法的实践应用

（一）实践前准备

1. 教师的前期工作与策略制定

在自主学习教学法的实施过程中，教师扮演着关键的角色，特别是其在准备阶段的工作对于确保教学活动的有效性至关重要。教师首先需要进行深入的学生需求分析，这不仅包括对学生当前知识水平的评估，也涵盖对学生学习兴趣和目标的了解。基于这些信息，教师将制订符合学生需求和课程目标的个性化教学计划。这一过程涉及调整教学内容、方法和评估策略，以促进学生的主动参与和自我探索。随后，教师还需准备相关的教学资源，包括传统教材和多媒体材料，确保这些资源能够支持学生的自主学习，并创设丰富的学习情境。通过这些前期工作，教师为学生的自主学习奠定了坚实的基础，也为课堂互动和学习深度的提升创造了条件。

2. 学生的自我准备与主动探索

自主学习教学法的成功实施同样依赖学生在操作前的自我准备。学生要在课前主动进行预习，包括对即将学习的内容的预先探索和理解，以及对相关学习材料的搜集和阅读。通过这种方式，学生不仅能够对课堂内容有初步的了解，还能够在学习过程中更加主动地提出问题和分享见解。当然，学生也需要学习如何有效地整理和记录信息，这不仅有助于提高学习效率，还能够在课堂讨论中为自己和同伴提供有价值的参考。通过这些自我准备活动，学生就能为自己在自主学习过程中的深入参与和有效学习打下良好的基础。

3. 教材与多媒体资源的精心准备

为了支持自主学习教学法的实施，教材和多媒体资源的准备工作同样不可忽视。教师需要根据教学目标和学生需求精选合适的教学材料，包括教科书内容的深入挖掘和课外阅读材料的整合。这些材料不仅应涵盖必要的学习内容，还应包含能够激发学生兴趣和参与的元素。同时，多媒体资源的应用可以为学习增添互动性和趣味性，帮助学生以更加直观和多样的方式接触和理解知识。通过这种综合性的教材和资源准备，教师能够为学生创设一个内容丰富、形式多样的学习环境，进一步促进学生的自主学习和个性化发展。

（二）实践中操作

1. 创设情境与任务导向的启动

在自主学习教学法的应用过程中，教师通过创设引人入胜的学习情境和具有挑战性的任务激发学生的学习动机，这一阶段是构建学生自主学习框架的基础。教师需巧妙地设计情境，使之既贴近学生的实际生活，又能够引发他们对知识的好奇心和探索欲。通过提出开放性问题或任务，教师可引导学生主动思考，鼓励他们基于自身的兴趣和需求采取主动的学习态度。这种情境的创设不仅为学生提供了一个实际操作的平台，还促进了他们对问题的深入探讨，为进一步的自主学习奠定了坚实的基础。

2. 学生主动探索与知识获取

受到启发性情境的刺激，学生开始进入主动探索和知识获取的阶段。在这一阶段，学生的学习行为更加自发和主动，他们会利用各种资源，如词典、互联网等，深入了解和掌握新的知识点。学生在自我驱动下主动寻找解决问题的方法和答案。这种学习方式不仅提高了学生的信息检索能力，也锻炼了他们的批判性思维和解决问题的能力。通过这样的自主学习过程，学生能够在实际操作中加深对知识的理解，提升学习的主动性和自主性。

3. 发展自主学习能力与成果展示

随着学生在自主探索过程中的持续进步，他们开始展现出更加独立的学习能力，能够更自信地处理学习中遇到的各种问题。这一阶段的学生已经能够超越单纯的知识学习，开始进行更为深入的思考和综合应用。学生会在完成教师布置的任务基础上，进一步拓展自我学习的边界，主动寻求更多的学习资源和挑战。最终，学生将在课堂讨论或展示中分享自己的学习成果和心得，这不仅是对自己学习成果的一种展示，更是对学习过程的一次反思和总结。通过这种方式，学生在互动和交流中进一步提升了自己的学习能力，实现了从依赖到独立的转变。

（三）实践后总结

1. 实践后的积极成果与学习氛围的转变

实施自主学习教学法后，学生自主性的显著提升是其中一个重要成果。学生不仅在自我管理方面表现出显著的进步，如在自主安排学习与娱乐的时间比例上表现得更加合理，而且在学习的主动性方面也有了明显的提高。内在的学习动力促使学生在面对诱惑，如网络游戏时能够自我约束，选择继续学习而不是放弃。这种自我激励的态度逐渐形成了一种正向的学习氛围，学生之间形成了良性的竞争和相互激励的关系，共同推动了整个班级学习风气的改善。

2. 师生关系的和谐与互动增强

在自主学习的教学模式下，师生之间的关系得到了显著的改善和加深。由于这一教学模式鼓励学生在遇到问题时主动寻求教师的帮助，这种互动不仅增强了学生的学习积极性，也让教师有更多的机会了解学生的学习需求和困惑。相比于传统的教学模式，这种教学模式下的师生关系更加平等和亲密，教师更像是学生学习过程中的引导者和伙伴。这种和谐的师生关系有助于构建一个更加开放和积极的学习环境，使得学习活动能够更加高效和顺畅地进行。

3.面对的挑战与解决策略

尽管自主学习教学法带来了诸多积极成果，但在实践过程中也遇到了一些挑战。如何维持学生长期的学习积极性成为一大挑战，特别是当新鲜感消退后，学生可能会对某些内容感到厌倦。为应对这一问题，教师可以通过不断更新教学内容和方法，引入更多实践和探究活动，以保持学习的吸引力和挑战性。另外，部分不配合预习的学生可能会影响教学进度和质量，针对这一问题，教师需要采取更加灵活的教学策略，如设置预习检查、增加互动讨论等，以激发学生的预习兴趣，确保教学活动的有效进行。通过这些策略，教师可以逐步解决实践中遇到的挑战，优化自主学习的教学实践。

第六章 高校英语教育教学语言的创新设计

第一节 高校英语教育教学语言内涵分析

一、教学语言的定义

在英语教学中,教学语言不仅仅是传授知识的媒介,更是一种激发学生学习热情、促进认知发展的工具。教学语言的选用和运用反映了教师的教学策略和教育理念,对于优化课堂氛围、提高学习效率具有不可替代的作用。在英语课堂上,教师通过精准、生动的语言表达,不仅能够清晰传达教学目标和内容,还能够调动学生的情感,激发其学习兴趣。合理运用教学语言,如采用提问、讨论、反馈等互动形式,能够有效促进学生的思维活动,加深其对知识点的理解和掌握。因此,教师的教学语言在英语教学中扮演着桥梁和催化剂的角色,连接着教师的教学目标与学生的学习成果,是实现有效教学交流的关键。

在英语教学实践中,教学语言的质量直接影响教学的成效和学生的学习体验。教师通过精心设计的教学语言,能够构建一个充满启发性和互动性的学习环境,其中包括使用目标语言进行模拟实际应用场景的对话、创设问题情境引导学生主动思考,以及提供及时的正面反馈和建设性建议。这样的教学语言不仅可以帮助学生建立正确的语言模型,更重要的是可以培养他们的批判性思维和解决问题的能力。

二、教学语言的特点

(一)引导性

高校英语教育教学语言的引导性主要体现在教师利用语言引领学生进入学习状态,帮助学生建立起对新知识的初步认识和理解。教师通过提出问题、设定情境、概述学习目标等方式,用清晰、简练的语言引导学生思考,促进学生对即将学习的内容的预期和兴趣。这种引导不仅涉及学习内容的导入,还包括学习方法和策略的引导,帮助学生了解如何学习、如何在学习过程中自我监控和调节。引导性语言应具有明确性和目的性,能够激发学生的好奇心,使学生在教师的引导下主动探索学习内容,为深入学习打下坚实的基础。

(二)讲解性

讲解性是高校英语教育教学语言的重要特点之一,它要求教师用准确、逻辑性强的语言对教学内容进行系统的讲解和阐述。通过讲解性语言,教师将复杂的语言规则、文化背景知识等抽象概念转化为学生易于理解的信息。讲解时,教师需要注意语言的清晰度和条理性,合理运用例句、对比分析等方式,帮助学生构建知识框架,深化对学习内容的理解。讲解性语言还应灵活多样,适时采用不同的表达方式和技巧,以适应学生的不同学习需求和认知水平,确保信息的有效传达。

(三)启发性

启发性教学语言可激发学生的思考和探究欲望,引导学生从主动参与中发现问题、解决问题。教师通过提问、引用、讨论等方式，用启发性的语言挑战学生的思维习惯，鼓励学生提出自己的见解和疑问，从而促进学生的批判性思维和创造性思维的发展。启发性教学语言要求教师具备丰富的知识储备和灵活的语言表达能力，能够根据学生的反应适时调整教学策略，引导学生在探索中学习，在学习中成长。

（四）实用性

实用性教学语言强调语言学习的应用价值，教师通过生动、实用的语言将学习内容与学生的生活经验和实际需求相联系。实用性教学语言鼓励学生将所学知识应用于日常生活和实际情境中，如通过情景对话、角色扮演等方式，让学生在实践中使用英语，提高语言运用能力。教师在教学中应注重语言的实用性和场景的真实性，选择与学生生活紧密相关的材料和主题，使学习内容贴近学生的实际需要，增强学习的针对性和有效性。

（五）鼓励性

鼓励性教学语言是高校英语教学中不可或缺的一部分，它通过正面、积极的反馈和肯定，增强学生的学习信心和动力。教师通过鼓励性的语言表达对学生努力学习的认可，对学生进步的肯定，帮助学生建立积极的自我形象，激发学生的内在动机。鼓励性教学语言应具有真诚性和针对性，即使是对学生错误的指正也应采用鼓励和引导相结合的方式，使学生在积极的氛围中持续进步。

（六）趣味性

趣味性教学语言通过幽默、生动的语言表达，增加教学的吸引力，提高学生的学习兴趣。教师在教学中运用富有趣味的语言和活动，如讲故事、做游戏、竞赛等，使学习过程变得轻松愉快。趣味性教学语言能够打破课堂的单调气氛，激发学生的好奇心和探索欲，使学生在轻松愉快的氛围中学习英语，提高学习效率。教师应根据学生的兴趣和特点，设计富有创意和吸引力的教学内容，使教学语言和活动充满趣味性，从而有效提升学生的学习热情和参与度。

三、教学语言要求

（一）语音要求

1. 发音的精确性

在英语的教学过程中，教师发音的精确性具有重要的作用。这包括对音素、辅音和元音的正确发音，以便为学生提供一个准确的语音模型，从而帮助他们树立正确的发音标准，避免学习过程中形成不良的发音习惯。为了实现发音的精确性，教师需持续地对自己的发音进行练习和提升，同时要留意学生的发音情况，对发音错误给予及时的指正和纠正，确保学生能够在正确的指导下学习和进步。

2. 语言节奏的掌握

在英语教学中，掌握适宜的语言节奏对于提高教学效果至关重要。适宜的节奏不仅涉及语言的停顿、重音和变化，还关乎如何通过节奏上的调整使得教学内容更加生动有趣。教师在授课时应注意利用适当的停顿和重音来增强语言的表达力，使学生能够更好地跟随教学思路，理解和吸收新知识。通过恰当的节奏设计，教师能够在强调关键点时更加突出，使学生在听觉上更加集中注意力，从而有效地提升学习效率和教学质量。

3. 适宜的语速调节

调整语速以适应学生的学习需求是英语教学中的一个重要方面。教师的语速不应过快，以免学生跟不上教学进度；也不应过慢，以免学生感到乏味。适宜的语速有助于学生更好地理解教学内容，特别是在介绍新概念或重点知识时，适当放慢语速可以让学生有更多时间吸收和理解信息。同时，教师应根据学生的反馈和学习状况灵活调整语速，确保每位学生都能在适宜的语速下进行学习，使学习效果最大化。

4. 音量调控的适中性

教师在英语教学中需要保持适中的音量，确保所有学生都能清晰地听到每一个词语，从而有效地接收教学信息。适度的音量不仅关系到学生的听觉接受能力，还直接影响到学生对教学内容的理解和记忆。教师应根据课堂的具体情况，如教室的大小、学生的座位分布，灵活调整自己的音量，既要保证语言的清晰度，又要避免音量过大造成的不适感。在特定的教学环节，如讲解重点、激发情感时，适当变化音量可以更好地吸引学生的注意力，提高教学的效果。

（二）词汇要求

1. 精准运用

在英语教学过程中，教师对词汇的精准运用是至关重要的。确保每个单词的选用都准确无误，对于传递教学信息的清晰度和准确性具有决定性作用。教师在授课时，通过选用恰当的单词来表达思想和概念，可以显著提升学生的理解力和学习效率。为了达到这一目标，教师必须持续地扩展自己的词汇库，同时在备课和教学实践中精心挑选单词，确保每个词的使用都能精确地反映其想要传达的意义。这样不仅能够避免学生对教学内容的误解，还能够提高教学的专业性和有效性。

2. 简洁高效

在英语教学中，追求语言的简洁性和高效性对于优化教学极为关键。简洁、直接的语言表达能够帮助学生迅速抓住教学的重点，避免在复杂的表达中迷失方向。教师应当致力剔除冗余的词语和表达，力求以简练的语言完成有效的信息传递。通过练习使用精确的同义词和近义词替换连篇累牍的描述，教师能够在不缩减信息内容的前提下，使课堂讲解更加流畅和易于理解。简洁的语言不仅能够提升教学效率，还能够增强学生对知识点的记忆和掌握。

3. 生动形象

为了吸引学生的注意力并提高他们的学习动力，在英语教学中教师的词汇表达需要具有生动性和创造性。通过采用形象比喻、生动例证和引人入胜的故事等手段，教师可以将枯燥、抽象的语言知识转化为生动、具体的学习内容。这种生动形象的表达方式不仅能够激发学生的学习兴趣，还能够帮助学生更好地理解和记忆复杂的语言规则和词汇。此外，教师在课堂上运用富有创造性的语言表达，能够营造一种轻松愉悦的学习氛围，促进师生情感的交流，进而建立起积极向上的课堂文化。

（三）句法要求

1. 注重句式结构的简洁性

在英语教学中，教师对句式的构建应注重简洁性，以确保教学信息的有效传递。采用简单明了的句子不仅能够减少学生在理解上的障碍，还能够促进他们对英语句法结构的快速把握和模仿。简洁的句式结构能够使教学内容更加直观，帮助学生在初期阶段就能建立起正确的语法观念，避免复杂句式带来的理解偏差。因此，教师在准备教案时应优先考虑使用简短的句子，并在实际教学过程中，通过示例和练习加强学生对简单句型的应用能力，从而在简化的语言环境中提高学生的学习效率和语言表达能力。

2. 强化句式的重复与变化

为加深学生对英语句法的理解和记忆，教师应在教学中巧妙地运用句式的重复与变化策略。通过重复关键句型或知识点，教师可以强化学生对重要信息的记忆，同时，通过用不同的表达方式改述同一概念，教师不仅能够丰富学生的语言表达，还能够提升他们的语言灵活运用能力。这种策略不仅有助于巩固已学知识，还能激励学生通过多样化的语言实践，探索英语语言的丰富性和多样性，从而在重复与变化中实现句法能力的提升。

3. 及时纠正句法错误

在英语学习过程中，学生往往会因为句法理解不深而犯错。教师在教学中应及时发现并纠正学生的句法错误，用正确的句法规则引导学生，帮助他们建立正确的语言模型。及时纠正错误不仅可以防止错误观念的固化，还能够促进学生对英语句法规则的深入理解。教师在纠正错误时应采取鼓励和支持的态度，避免负面情绪影响学生的学习积极性，通过正面引导和实例说明，帮助学生理解错误所在，并鼓励他们通过练习改正错误，提高语言准确性。

4. 完善学生的句式表达

针对学生表达中出现的不完整句式，教师应提供积极的补充和完善，引导学生理解并掌握完整的句子结构。这种补充不仅可以帮助学生完善其语言表达，还能够激发他们进一步探索和实践的欲望。通过示范和引导，教师可以让学生明白如何构建结构完整、意义清晰的句子，从而在潜移默化中提高学生的语言组织能力和表达能力。教师的这种引导和补充，能够建立学生对学习英语句法结构的自信，也能够鼓励他们在日后的学习和实践中勇于尝试和运用更为复杂的句式表达。

第二节　高校英语教育教学导入语创新设计

一、导入语的概念内涵

导入语是启动一门课程学习的关键，其核心目的在于吸引学生的注意力，激发其对即将学习的内容的好奇心和兴趣。一个精心设计的导入语不仅能够高效地引领学生进入学习状态，还能够为创造一个积极和鼓励性的学习氛围奠定基础。通过引人入胜的开场，导入语能够立刻抓住学生的眼球，将他们从日常的杂念中拉回到学习上来。这种导入方式有助于渲染外语学习的情境，将原本可能显得枯燥的教学内容转变为生动、有趣的学习体验。导入语的巧妙运用，能够有效调动学生的学习热情，为他们提供一个轻松自然的语言学习环境，从而促进语言技能的习得和提高。

二、导入语的重要作用

（一）转变学生状态

高校英语教育教学的导入语具有至关重要的功能，它能有效地从学生的日常状态中将其注意力转移至学习之上。在多数情况下，学生进入教室之前可能正处于放松或注意力分散的状态，因此，一个精心设计的导入环节成为集中学生注意力、引导他们进入学习模式的关键手段。通过引入新奇、引人入胜的内容或活动，教师能够迅速吸引学生的兴趣，使他们的心理状态从闲散转为专注，为接下来学习教学内容打下良好的基础。导入语不仅仅是开始授课的信号，更是一种策略，通过它，教师能够有效地管理和优化课堂氛围，确保学生能够以最佳的心态参与课堂学习。

（二）激活内在动机

导入语的设置还具有激发学生内在学习动机的作用。正如教育家们所强调的，学习动机是学习过程中的驱动力量。一个有趣、充满挑战的导入不仅能够激起学生的好奇心，还能激发他们的探索欲，使学生对即将学习的内容充满期待。当学生在一个积极、愉悦的氛围中开始学习时，他们更容易产生学习的动力,这种动力会促使他们在后续的教学活动中保持高度的积极性和主动性。因此,通过巧妙的导入语设计,教师不仅能够促进学生对知识的吸收,还能够在更深层次上影响学生的学习态度和效率,从而为实现教学目标创造有利条件。

(三)定向教学焦点

在高校英语教学中,明确教学目标和任务对于引导学生进入课堂学习至关重要。一个有效的课堂导入能够帮助学生快速把握课堂的学习重点和目标,确立本节课的学习方向。通过精心设计的导入活动,教师不仅能够吸引学生的注意力,还能够帮助他们理解如何通过课堂活动达到这些学习目标。这种导向性的导入有助于学生调整自己的学习态度和行为,为实现课堂目标做好准备。同时,明确的教学目标和任务也为学生提供了评价自己学习效果的标准,使学习过程更有动力和高效。

(四)连接知识桥梁

有效的课堂导入还承担着连接新旧知识的重要作用。通过对前期知识的回顾和复习,教师能够帮助学生激活已有的知识结构,为新知识的学习打好基础。这种知识的衔接不仅能够增强学生的学习信心,还能够促进知识的深度理解和长期记忆。通过将新知识与学生已有的知识和经验相联系,教师可以提高学生对新内容的接受度和兴趣,使学习过程更加自然和有效。

(五)促进互动共鸣

课堂导入的另一重要作用是促进教师与学生之间的有效交互。通过启动一系列互动性强的活动,如提问、讨论、角色扮演等,教师可以在课堂上建立起积极的互动氛围。这种互动不仅能够提升学生的参与度和学习动力,还能够促进师生之间的情感交流,增强课堂的凝聚力。有效的师生互动有助于教师及时了解学生的学习需求和问题,从而调整教学策略,优化教学过程。同时,这种互动还能够激发学生的创造力和批判性思维,为他们提供一个充满挑战和支持的学习环境。

三、导入语创新设计

(一)导入语内容创新设计

在高校英语教学中,导入语的内容创新是吸引学生注意力和激发学习兴趣的关键。内容的创新应着眼于学生的实际需求和兴趣点,以及与学习目标紧密相关的知识点。

1. 联系实际生活

将教学内容与学生的日常生活紧密结合是高校英语教学导入的有效策略之一。通过将学习内容与学生的亲身经历、兴趣爱好以及实际遇到的情境联系起来,教师可以极大地提升学生对课程内容的兴趣和参与度。例如,在探讨旅行相关的英语话题时,教师可以邀请学生分享自己的旅行故事,讨论旅途中遇到的有趣人物或难忘事件,再将这些故事与教学内容相结合,如旅行中常用的英语表达、文化差异体验等。这样不仅能让学生在轻松愉快的氛围中学习英语,还能增加学生运用英语进行实际表达的机会,让英语学习更加生动、实用。

2. 跨学科知识融合

跨学科的知识融合为高校英语教学提供了一种全新的视角。教师通过引入历史、文化、科技等其他学科的内容,可以极大地丰富英语教学的内涵,拓宽学生的知识视野。例如,当讨论关于科技发展的英语话题时,教师可以先介绍一些前沿的科技成就,如人工智能、太空探索等,再引导学生探讨这些科技进步对社会、对个人生活的影响。通过这样的跨学科学习,学生不仅能学习到相关的英语词语和表达方式,还能提高他们的批判性思维能力,促使他们在学习英语的同时对其他领域的知识有所了解和掌握。

3. 引入热点事件

利用时下热点事件或流行文化作为英语教学的导入,能有效地抓住学生的兴趣,增加课堂的互动性和实时性。面对不断更新的社会热点和文化潮流,教师可以选择与学生年龄、兴趣相符的话题,如最新上映的电影、热门音乐、重大社会事件等,作为课堂讨论的起点。这种方式的导入不仅能激发学生的学习热情,还能让学生在学习英语的过程中,增加对当下社会文化的认识和理解。同时,这也为教师和学生提供了共同探讨、交流的平台,使英语学习更加贴近实际,更具时代感和实用价值。

(二)导入语形式创新设计

形式上的创新能够更好地配合内容的创新,使导入语更加生动有趣,增强学生的参与感。

1. 利用多媒体资源

在现代教育技术日益发达的背景下,多媒体资源的运用已成为高校英语教学中不可或缺的一部分。通过引入视频、音频、图片等多样化的视听材料,教师能够为学生提供更加丰富和立体的感官体验。例如,使用相关主题的短片不仅可以为学生展示语言的实际应用场景,还可以通过真实的语境增强学生对知识点的理解和记忆。音频材料,如英文歌曲、听力录音等,能够提高学生的听力水平,并增加学习的趣味性。

2. 互动式导入

互动式导入策略通过激发学生参与的主动性,促进课堂氛围的活跃。通过设计问题引导、小组讨论、角色扮演等形式的活动,教师可以有效地调动学生的思维,促使他们主动探索和学习。例如,在小组讨论中,学生可以就某一话题展开讨论,分享各自的见解,这不仅有助于提高学生的口语表达能力,还能增进学生之间的相互理解和合作。

3.游戏化学习

游戏化学习作为一种新兴的教学策略,通过将游戏元素和学习内容相结合,为学生创造了一个轻松愉快的学习环境。在高校英语教学中,引入学习游戏或竞赛可以显著提高学生的学习动力和参与度。通过游戏化学习,学生可以在享受游戏乐趣的同时在不知不觉中掌握知识点。例如,教师可以设计与课程内容相关的词汇竞赛、语法问答游戏等,鼓励学生在游戏中积极思考和应用英语。这种方法不仅能够降低学生对英语学习的心理压力,还能促进学生之间的合作与竞争,使学习过程更加生动有趣。

第三节 高校英语教育教学授课语创新设计

一、授课语的概念内涵

英语教学中的授课语是指教师在英语课堂教学中使用的语言,它包括教师用以传授知识、指导学习、激发兴趣、管理课堂等各方面的语言表达。授课语不仅仅是知识传递的媒介,更是教师与学生之间互动交流的桥梁,对提高教学效果、增进学生学习体验具有重要作用。授课语的有效性直接影响学生对教学内容的理解、吸收以及应用能力的培养。

在英语教学中,授课语的内涵十分丰富,它不只是简单的语言输出,更体现了教师对教学内容的把握、对学生学习心理的理解以及对课堂氛围的调控等多重能力。一个优秀的英语教师能够根据课堂的实际情况和学生的具体需求,灵活运用多样化的授课语,如解释新知识时的清晰准确、讨论时的引导互动等,以达到更好的教学效果。

二、授课语的功能作用

有效的授课语应当具备准确性、清晰性、适当性和生动性等特点。下面本书将从以上特点角度出发论述授课语的功能作用。

（一）语言准确性具有基础作用

在高校英语教学中，授课语的准确性构成了有效教学的基石。教师在授课过程中使用的语法结构和词语的准确性，直接影响学生对英语语言规则的理解和掌握。准确无误的授课语不仅能够确保教学内容的正确传达，避免对学生学习上的误导，还能够为学生提供标准的语言模型，促进他们语言能力的正确发展。此外，教师在解释新概念或指导学习活动时，准确的语言表达能够帮助学生清晰地把握学习要点，减少理解上的困惑，从而提高学习效率和质量。

（二）清晰性促进理解与吸收

授课语的清晰性在教学过程中起着至关重要的作用。通过简洁明了的表达，教师能够有效地将复杂的知识点转化为学生易于理解的信息，从而加速其对学习内容的吸收和理解。清晰的授课语可以帮助学生迅速抓住教学重点，避免在冗长复杂的表述中迷失方向。特别是对于抽象或难度较高的英语语法和词汇学习，清晰性更是确保学生能够有效掌握学习内容的关键。此外，清晰的语言表达还能够促进课堂上的互动交流，使学生在提问和讨论中更加主动，进一步深化对知识的理解和应用。

（三）适当性调节学习难度

授课语的适当性关乎教学内容与学生认知水平之间的匹配度。教师需根据学生的实际学习基础和接受能力，调整语言和表达方式的复杂度，确保授课语既能够激发学生的学习兴趣，又不会使他们感到难以理解。适当的授课语能够帮助学生在适宜的难度水平上进行学习，既避免了学习内容过于简单导致的学习动力下降，也防止了过高的学习难度引起的挫败感。通过精心设计适当的授课语，教师能够引导学生逐步扩展知识边界，提高学习的深度和广度。

（四）生动性激活学习热情

授课语的生动性是提高高校英语教学吸引力和学生学习积极性的关键。通过使用生动形象的语言和鲜活的例证，教师能够将抽象的语言知识具体化，使学生在形象思维中更轻松地理解和记忆英语知识。生动的授课语不仅能够增加课堂的趣味性，吸引学生的注意力，还能够通过故事、案例等形式增强学习内容的情境感，提升学生的情感参与度。这种通过生动的授课语激发的学习兴趣和热情，是促进学生主动学习和深度学习的重要因素，有助于学生在轻松愉快的氛围中掌握英语知识，提高语言运用能力。

三、授课语创新设计

（一）授课语内容创新设计

在高校英语教学中，授课语的内容创新是提升教学效果、激发学生学习兴趣和提高参与度的关键。内容创新不仅仅是对教学材料的新颖处理，更是对教学方法、策略，以及与学生互动方式的创意实践。

1.结合当前热点和真实案例

授课语内容的创新可以从结合当下社会热点和真实案例入手。教师可以利用最新的新闻事件、流行文化、科技发展等热点，将这些内容融入英语教学中。例如，在讨论环保话题时，教师可以引入最近的全球气候变化报告，让学生用英语表达自己的观点和解决方案。这种方法不仅能够使学生感到英语学习与现实生活的紧密联系，增强学习的现实意义，还能够提升他们的批判性思维和解决问题的能力。

2. 跨文化交流体验

授课语内容的创新还可以通过加强跨文化交流体验来实现。教师可以设计一些让学生在英语学习中体验不同文化的活动，如通过视频连线邀请外国嘉宾进入课堂、组织国际学生交流会等。这些活动不仅能够为学生提供使用英语进行实际交流的机会，还能增进他们对不同文化的理解，从而拓宽学生的国际视野，培养他们的跨文化沟通能力。

（二）授课语形式创新设计

1. 比喻法

在高校英语教学中，比喻法作为授课语的形式创新，能够有效地促进学生对抽象概念的理解和记忆。通过建立概念与学生熟悉的形象或情境之间的联系，比喻法能够使复杂的语言规则变得直观易懂。例如，教师在解释英语中的不规则动词变化时，可以将其比作"变色龙"，因为它们根据时态的不同而改变形态。这种形象的比喻不仅能够激发学生的想象力，还能帮助他们形成鲜明的记忆点，从而在实际应用中快速识别和正确使用这些动词。通过巧妙地运用比喻，教师能够让学生在轻松愉悦的氛围中掌握难以理解的语言知识，提高学习效率。

2. 拟人化

授课语的拟人化设计是另一种形式创新，它通过赋予语言元素以人类的特征或行为，使得学习内容生动有趣，更易于学生理解和记忆。例如，教师在讲授形容词的比较级和最高级时，可以将这些形容词拟人化为参加奥运会的运动员，其中比较级像是在进行预赛选拔，而最高级则是夺得金牌的冠军。这样的拟人化教学不仅增加了教学的趣味性，也使得学生能够通过熟悉的竞赛场景，更加深刻地理解形容词比较级和最高级的用法。此外，拟人化的授课语还能够促进学生情感的投入，增强他们对学习内容的兴趣和参与度。

3. 引用

在高校英语教学中，教师根据内容讲解需要恰如其分地引用一些诗词典故、名言警句、谚语等，不仅可增加语言的"含金量"，而且可以拓展意境，增添文采，营造意蕴美，让授课语熠熠生辉，魅力四射。

（1）文化经典融入教学。在高校英语教学中，文化经典引用作为授课语形式的创新之一，不仅能够丰富教学内容，还能提升学生对语言深层文化内涵的理解。通过引用古文、名言、谚语等，教师能够在教授语言知识的同时，引导学生感受语言背后的文化精神和历史脉络。例如，当探讨英语中关于勤奋与坚持的重要性时，教师可以引用《礼记·学记》中"玉不琢，不成器；人不学，不知道"的古语，借助中西文化的交融，使学生深刻领会勤学苦练的价值。这种教学方式不仅使得授课语更加生动有趣，也促进了学生跨文化理解与思维的拓展，增强了学习的深度和广度。

（2）古诗词增添语言魅力。利用古诗词作为英语授课语的创新形式，可以有效增添语言教学的艺术魅力。在讲解特定的语言点时，教师通过引入与之相呼应的古诗词，不仅能够激发学生的学习兴趣，还能帮助他们在美的享受中学习语言。例如，在教学中介绍关于"告别"的表达时，教师可以借用李白《送友人》中"青山横北郭，白水绕东城。此地一为别，孤蓬万里征"的诗句，让学生体会到送别之情的深远与哲理。通过古诗词的引用，学生不仅能够学习到语言知识，还能深入了解中国传统文化的精髓，从而在跨文化交流中更加自如地表达与沟通。

（3）谚语深化语言理解。引入英语谚语作为授课语的创新手段，能够在简短的语言中展示深刻的生活智慧，帮助学生深化对语言点的理解。例如，在讨论习惯形成的重要性时，利用谚语"Habit is a second nature."（习惯成自然。）能够直观地向学生解释习惯对个人行为的深远影响。通过谚语的引用，学生能够在掌握语言表达的同时，理解和吸收其背后蕴含的生活哲学和道理，使语言学习与人生观、价值观的培养相结合，达到知行合一的教学效果。这种授课语的形式创新，不仅增加了教学的趣味性和实用性，也促使学生在语言学习过程中进行更深层次的思考和内省。

第四节 高校英语教育教学点评语创新设计

一、点评语的概念内涵

点评语是一种具体的教学反馈，包括对学生英语学习成果的评价、对学生学习行为和态度的观察反馈以及对学生未来学习方向的指导意见。这种反馈可以是口头的，也可以是书面的，以通过直接的沟通帮助学生了解自己在英语学习过程中的表现。

在高校英语教学中，点评语作为教师对学生学习成果的反馈方式，根据其功能和目的的不同，可被细分为多种类型。正面激励性点评用于强调学生的优点和取得的成功，其主要目的是鼓励学生保持当前的良好表现并在此基础上进一步提升。与之相辅的是建设性批评点评，它通过指出学生学习过程中的问题和不足，并提供明确的改进建议，能够帮助学生认识到自身的短板并鼓励他们积极改进。目标导向型点评则更加关注学生是否达到了既定的学习目标，并依此提出适宜的学习策略和方法，帮助学生更有效率地实现学习目的。而过程评价型点评则侧重于评价学生在学习过程中的努力和参与程度，通过强调学习态度和过程的重要性，引导学生形成正确的学习观念。这些点评语的分类体现了教师在教学过程中运用多元化反馈策略的意图，以通过不同类型的点评激发学生的学习动力，促进其全面发展。

二、点评语的重要作用

（一）激励学生和增强学生自信心

点评语的首要作用是激励学生，并在学习过程中增强他们的自信心。通过正面激励性点评，教师可以突出学生的成功和优点，让学生感受到自己的努力被认可和价值被看见。这种肯定和鼓励能够极大地提升学生的自我效能感，鼓励他们保持积极的学习态度，继续在学习道路上前进。当学生意识到自己在某方面做得好时，这种成就感会转化为推动他们面对新挑战的动力。此外，正面的反馈也有助于构建学生的内在动机，使他们对学习产生更浓厚的兴趣和更大的热情，从而在未来的学习中更加自觉和投入。

（二）促进学生认识并改进不足

建设性批评点评通过指出学生学习过程中的不足和问题，并提供具体的改进建议，起到了促进学生认识和改进不足的作用。这种反馈方式不仅帮助学生明确了自己需要提高和加强的领域，还提供了解决问题的途径和方法，鼓励学生积极面对并克服学习上的困难。建设性的点评避免了直接否定学生的努力，而从提升和发展的角度出发，使学生能够在接受批评的同时保持积极的心态，将注意力集中在如何改进和提高上。这种策略不仅促进了学生的个人成长，也增强了他们解决问题的能力和持续学习的动力。

（三）明确学习目标和方向

目标导向型点评通过清晰地指出学生达到学习目标的程度，为学生提供了明确的学习方向和目标。这种点评方式强调了学习过程的目的性和针对性，帮助学生理解学习活动的终极目的，从而使学生能够更有针对性地安排自己的学习计划和策略。通过明确的目标导向反馈，学生能够清楚地知道自己离学习目标还有多远，哪些领域是他们需要重点关注和加强的。这种方法激励学生积极设定个人学习目标，采取有效的学习策略，不断调整和优化自己的学习方法，以实现更好的学习效果。

（四）强调学习过程和努力的价值

过程评价型点评强调学习过程中的努力和参与程度，这种点评方式体现了对学生学习态度和过程的重视，而不仅仅是结果。通过肯定学生在学习过程中的积极探索和尝试，即使这些努力没有立即转化为理想的学习成果，也能够让学生感受到自己的价值和教师的支持。这种对过程的认可和鼓励，有助于学生形成积极的学习态度，理解学习是一个持续不断努力和探索的过程。它鼓励学生重视自己的努力和进步，而不是单纯关注成绩的高低，从而培养学生的毅力和面对挑战的勇气，为学生终身学习打下坚实的基础。

三、点评语创新设计

（一）故事化点评

在高校英语教学中，将点评语设计成故事的形式是一种创新。教师通过将学生的学习过程、进步或者某个具体的学习情境编成一个个小故事来进行反馈，这种点评不仅能够更生动地表达教师的评价意见，还能够引起学生的强烈共鸣。例如，教师可以讲述一个学生如何从英语学习的困境中逐渐摆脱，最终取得进步的故事，鼓励正处在学习低谷的学生。故事化的点评通过情境的模拟和情感的投入，使点评不再是单向的批评或表扬，而是一种具有启发性和引导性的互动体验。这种设计能够激发学生的内在动力，鼓励他们在学习过程中勇于面对挑战，积极寻求解决问题的方法。

(二)互动式点评

互动式点评将学生纳入点评过程中,通过教师与学生的互动交流完成点评。这种方式可以是实时的课堂互动,也可以是基于线上平台的异步交流。互动式点评鼓励学生对自己的学习进行自我评价,然后与教师的评价进行对比和讨论。例如,教师可以让学生先自我评价一次英语口语演讲的表现,之后提供自己的专业反馈。这种方式不仅增强了学生对自己学习成效的认识和反思,还增强了点评的双向性和互动性,使学生能够更加积极地参与学习和评价过程,从而更好地理解和接受教师的反馈。

(三)个性化点评

个性化点评强调根据每个学生的学习特点、需求和进步情况定制点评内容。这种点评考虑到学生之间在英语学习能力、兴趣和学习风格上的差异,通过提供具有针对性的反馈满足不同学生的个性化需求。例如,对于英语发音较好但写作能力欠缺的学生,教师可以更多地提供写作方面的具体建议和策略,而对于英语词汇量丰富但口语表达不流畅的学生,则可以给予更多的口语练习指导。个性化点评能够让学生感受到教师的关注和支持,更有利于激发学生的学习动力和信心,帮助他们在自己的薄弱领域得到显著提升。

(四)技术辅助点评

利用现代教育技术进行点评是另一种创新设计,它可以通过利用各种教育软件和应用程序实现更高效、更具互动性的点评。技术辅助点评可以通过在线平台收集学生的作业、演讲视频等,利用 AI 工具进行初步评估,再由教师进行深入分析和个性化反馈,或者利用教育应用程序中的互动功能,如即时反馈系统、评论区等,为学生提供实时的、互动的学习反馈。这种点评方式的优势在于能够提供及时、连续的学习反馈，增加学生对学习过程的投入，也为教师提供了更加多样化的反馈工具和方式，提高了点评的效率和效果。

第七章 高校英语教育教学的创新实践——知识类教学

第一节 高校英语教育词汇教学的创新实践

一、英语词汇教学理论阐释

（一）什么是词汇

词汇在语言学中是指一个语言体系中所有词语的总和，包括单个词汇项及其固定搭配，体现了语言的词汇资源。它不仅囊括了语言中的每一个独立词汇项，还包括了那些经过时间沉淀下来的、具有固定用法的词组或短语。词汇不是静态的词语集合，而是一个充满活力、随时间演变的系统。这个系统反映了一门语言如何适应社会文化的变迁、技术的发展和新知识的产生，从而不断地增加新词，淘汰过时的表达，以及借鉴其他语言的词。这种动态性使得词汇成为研究语言变化和文化交流的重要窗口。同时，词汇的共时性和历时性分析提供了一个全面观察语言发展的框架，共时性分析关注特定时期的词汇使用，而历时性分析则关注词汇的时间变迁过程。

词作为词汇系统中的基本单位,其内涵的界定揭示了语言的复杂性和多样性。词的形态和功能在不同语境下展现出多变性。例如,同一个词在不同的语法结构中可能承担不同的语法角色,或者在不同的社会语境中可能有不同的意义。这种多样性要求学习者不仅要掌握词的字面意义,还要理解词在具体使用中的语境依赖性和变化性。此外,词的术语属性强调了在特定学科或领域中专业词汇的重要性,这些专业词汇是学科知识体系的重要组成部分,反映了该学科的理论架构和知识范畴。

因此,词汇的界定和理解不仅关系到语言学的基础研究,更深刻地触及语言教学、翻译、跨文化交际等应用领域。通过深入探讨词汇和词的内涵,教师可以更好地理解语言的功能、文化的内涵以及知识的传递,为使用和教授一门语言提供坚实的理论基础。

(二)什么是词汇能力

词汇能力的界定是多维度的,它涉及语言使用者在理解和运用词汇时所展现的广泛技能。这种能力突出体现为使用单词构造句子的技能,这不仅仅是将单词放在句中的能力,更关乎如何恰当地运用词语以表达准确的意思。此外,理解词语的深层含义是词汇能力的核心,这不只是对字面意义的理解,还有对词汇背后的文化和情境含义的深入把握。

词汇能力还包括对同义词和近义词细微差别的敏感性,这种能力使语言使用者能够在恰当的语境中选择适宜的词语。对于词语使用的机会和可能性的认识也是词汇能力的一部分,它要求语言使用者了解特定词语在不同场合的适用性和禁忌。对多义词全面含义的掌握,以及对一定数量词语的积累,同样是评估词汇能力的重要指标。理解词语如何在语篇中连贯地使用,以及词语之间的搭配意义,则反映了语言使用者在构建连贯、有逻辑的语篇方面的能力。对词语构造机制的理解,即对派生词、复合词等词语形成方式的把握,也是词汇能力不可或缺的一环。

二、英语词汇教学创新路径与实践

（一）集中培训

高校英语词汇教学采取集中培训的方式，是一种将词汇学习方法作为课程核心内容的教学路径。这种方式专注于在短时间内密集地培养学生的词汇学习能力，教师通过系统地介绍和训练词汇学习的策略和技巧，帮助学生建立科学的词汇学习观念，掌握高效的词汇学习方法。集中培训的模式灵活多样，可以在课程开始的前两周内集中进行，也可以分散在整个学期的不同阶段，根据学生的学习进度和需要安排。这种培训不仅让学生在短时间内获得大量的词汇知识，更重要的是教会学生如何学习词汇，包括如何记忆、理解和运用新词。

集中培训强调在培训结束后，教师通过后续课程的设计，为学生提供充足的机会应用和实践所学的词汇学习方法。这种教学设计使得词汇学习不再是孤立的记忆任务，而是一个连续的、动态发展的过程，学生可以在真实的语言使用环境中不断地巩固和提高自己的词汇能力。集中培训模式的一个关键优势是能够在短时间内集中资源和注意力，使学生在词汇学习上取得突破，也为学生日后的自主学习奠定了坚实的基础，提高了学习的自觉性和主动性。具体来讲，该路径可以按照以下几个步骤进行。

1. 初始评估与计划设计

开始阶段涉及对学生当前的词汇学习状态进行全面评估，这一步骤通过问卷调查等手段实现，旨在深入了解学生的词汇学习观念、常用学习方法以及面临的困难。基于这一评估，教师制订具体的培训计划，明确培训目标、内容、时间安排和步骤。在这个过程中，计划的设计需要充分考虑学生的反馈，确保培训内容贴近学生的实际需求，同时设定可实现的目标，为后续的培训活动奠定基础。

2.互动式学习与方法讨论

在集中培训的实施过程中,教师可采用小组研讨的方式促进学生之间的交流和共享。学生在小组内分享自己的词汇学习经验和方法,通过讨论增进对各种学习策略的理解和认识。教师在此过程中扮演着指导者和促进者的角色,引导学生深入探讨词汇学习方法的有效性,并鼓励学生尝试新的学习策略。这一阶段的重点在于激发学生的探索兴趣和学习动力,同时为教师提供反馈,以便进一步调整和优化培训计划。

3.方法实践与反馈

经过初始的讨论和学习后,学生在小组内合作完成具体的词汇学习任务,实践新的学习方法。在实践过程中,学生们不仅要关注方法的应用,还需要进行自我评价和同伴评价,以此检验和反思所采用方法的效果。教师在这一过程中提供必要的支持和引导,帮助学生克服学习中的困难,确保每个学生都能在实践中成长。这一步骤的核心在于将理论转化为实践,使学生能够在真实的学习情境中应用和验证词汇学习方法的有效性。

4.持续应用与长期跟踪

集中培训结束后,教师需要在日常教学活动中持续引导和鼓励学生运用所学的词汇学习方法。通过定期的反馈和评估,教师可以监控学生词汇学习方法的使用和进步情况,及时调整教学策略以满足学生的发展需求。这一阶段的目的在于帮助学生将新学习的方法内化为自己的学习习惯,形成个性化的词汇学习策略,从而实现词汇学习能力的持续提升和长期发展。

(二)分散训练

分散训练不需要安排专门的时间,而是与日常教学活动有机结合在一起。教师可以分阶段随堂对学生展开词汇方法训练,在不同的阶段制定不同的训练重点。下面将分四个阶段论述词汇方法的分散训练。

1. 第一阶段

在高校英语词汇教学中，分散训练的第一阶段聚焦于培养学生自主学习和运用目标词汇的能力。这一阶段的核心在于引导学生发展个性化的学习策略，帮助他们根据自己的学习需求和水平选择学习词汇。为实现这一目标，教师要教授学生选择性注意的方法，鼓励学生在遇到新词时能够主动识别并选择对自己学习有帮助的词。这种方法可以促进学生的自主性和主动性，使学生能够超越课堂和教材的限制，按照个人学习进度和兴趣制订个性化的学习计划。同时，教师需要指导学生如何有效地获取词汇信息，包括如何利用词典、网络资源以及如何向他人求助等多种方式。通过这样的训练，学生不仅能够掌握查找单词的技巧，还能够增强自己的信息处理能力和人际交流能力。在这一过程中，教师作为引导者和辅导者，提供必要的指导和支持，帮助学生探索和实践适合自己的学习方法。

对于词汇学习笔记的制作，教师应该强调其重要性并提供具体的指导。通过制作笔记，学生不仅能够记录下词语的基本信息，还可以逐步整合更多关于词语的使用、搭配以及文化背景等内容。这样的做笔记方法有助于加深学生对词语的记忆和理解，也培养了他们的总结和归纳能力。通过这种多感官参与的学习方式，学生可以更加有效地吸收和掌握新词，为后续的词汇学习奠定坚实的基础。

2. 第二阶段

在高校英语词汇教学的分散训练中，第二阶段专注于掌握和应用多种记忆策略，使学生能够更高效地记忆词汇。在这个阶段，教师引导学生通过实际操作，深入探索编码方法、词表方法、词卡方法、回想方法以及重复方法等记忆技巧。例如，利用词卡进行双面练习，一面展示单词，另一面显示其读音和意义，学生通过这种方式能够加强对单词形式和意义的联想记忆。关键词方法的引入，可以进一步帮助学生通过创造性的想象和联想，将抽象的词语信息转换为具体和容易记忆的图像，从而提高记忆效率。这个阶段要求学生主动参与和实践,通过不断尝试和调整,找到适合自己的记忆方法。

3. 第三阶段

第三阶段的训练重点转移到猜测方法和交际方法上,目的是提升学生利用已有知识和上下文线索猜测词义的能力,以及在实际交际中灵活运用词语的技巧。在这一阶段,教师结合元词汇知识,引导学生分析词语结构,如前缀、后缀和词根,以及如何通过语境线索推测单词的意义。同时,教师可以通过模拟交际情境,训练学生应用换言法、回避法、造词法等策略,以达到流畅交际的目的。这一阶段的训练使学生在增强词语猜测能力的同时,能更自信地在口头和书面交际中运用英语。

4. 第四阶段

第四阶段为系统总结阶段,旨在帮助学生对前三个阶段训练后的词汇学习方法和观念进行全面的反思和评价。通过问卷调查、小组讨论和个人反思等方式,学生可以深入了解自己在词汇学习方面的进步和不足,同时对所学习的词汇策略有更加系统和深入的认识。教师在这个阶段的任务是指导学生进行有效的自我评估,鼓励他们根据反馈调整学习策略,以实现词汇学习的持续改进和优化。

(三)个别指导

在高校英语词汇教学中,个别指导作为一种补充集中培训和分散训练的教学方法,主要针对学生个体在词汇学习中遇到的特定问题进行有针对性的辅导和解答。这种方法考虑到学生之间存在的差异,通过提供个性化的指导帮助学生克服学习障碍,提升词汇学习效果。个别指导强调教师与学生一对一或在较小的学习小组内进行互动,确保学生能够获得更为直接和具体的学习建议与反馈。

在实施个别指导时,教师转变为学习顾问和问题解决者,他们通过深入了解每个学生的学习需求和困惑,有针对性地提供解决策略和方法。例如,对于那些对特定词语学习方法理解不透彻的学生,教师可以采用更加生动的例子或通过简化的解释帮助学生理解。此外,教师还可以鼓励学生之间相互教学,让理解某一学习方法的学生向其他学生展示和讲解,从而实现知识的共享和学习的互助。

个别指导的一个重要方面是实际操作的指导。对于那些知道理论但不清楚如何将理论应用于实践的学生,教师可以安排实际操作的演示,或者组织小组内部的互动演练,让学生在实践中学习和掌握词汇学习方法。通过这种方式,学生不仅能够在具体操作中加深对词汇学习策略的理解,还能在小组讨论和交流中发现更多的学习方法和技巧,从而更全面地提升自己的词汇学习能力。

第二节 高校英语教育语法教学的创新实践

一、英语语法教学理论阐释

(一)什么是语法

语法是语言学习和使用中的基础性组成部分,它涵盖了形态学、句法学、语义学和语用学等多个层面。从形态学角度看,语法描述了单词如何通过不同的形态变化表达不同的语法功能和意义;从句法学角度来看,语法则关注单词如何组合成句子,以及句子内部元素之间的结构关系;从语义学角度看,语法探讨句子和词语如何表达意义,以及不同语法结构如何影响意义的表达;从语用学的角度,语法研究语言如何在特定语境中使用,以及语法结构如何影响信息的传递和接收。

语法是一种规则体系,它不仅约束着词语的选择和排列,而且规定了词语和句子如何在不同的语言环境下正确使用。通过这套规则体系,语言使用者能够构造出符合语言习惯的、能够准确传达思想和情感的句子。在这个过程中，语法起到了桥梁的作用，连接了语言的形式和内容，使得语言表达既规范又富有变化。

（二）什么是语法能力

语法能力是指个体理解和使用语言中语法规则的能力，包括识别、理解、应用和调整语法结构以适应不同交际情境的能力。这种能力不仅涉及对语言形式规则的掌握，也包括了对语言意义和使用语境的理解。具备良好的语法能力意味着学习者能够准确无误地构造句子，有效地传达信息，并能够根据交际需求灵活运用语法规则，从而在口头和书面表达中实现目的。

在高校英语教学中，学生的语法能力尤为重要。高校英语教学要提高学生的综合语言运用能力，包括听、说、读、写、译等各方面技能，而这些技能的提升都离不开坚实的语法基础。学生需要具备足够的语法知识，以便能够理解复杂文本，准确表达自己的想法和观点，以及有效地参与学术和专业交流。因此，高校英语教学不仅要求学生掌握基础的语法规则，还要求他们能够在不同的语言环境中准确、恰当地使用这些规则，包括能够识别和纠正语言中的错误，理解语法在不同文体和语境中的变化，以及根据交际目的选择合适的语法形式。

二、英语语法教学创新路径与实践

（一）创设情境法

1. 融合音乐法

融合音乐法是一种有效的情境创设方法，能够在轻松的学习氛围中提高学生的语法理解和应用能力。通过精选的音乐作品，教师可以引导学生深入歌词内容，挖掘其中的语法知识点。这种方法不仅能够增强学生对语法知识的兴趣,而且能够促进学生主动学习和探究的习惯。音乐中的旋律和节奏有助于学生记忆语法结构,同时,歌曲中的实际语言使用情境也为学生提供了真实的语言学习环境。教师可以设计相关的活动,如填空、改编歌词等,让学生在参与和创作的过程中巩固和运用所学的语法知识,从而达到教学的目的。

2. 角色扮演法

角色扮演法在英语语法教学中的应用,能够让学生通过模拟不同的生活或工作场景,实践运用语法知识。这种方法可以让学生在特定情境下使用目标语言,提高语言的实际运用能力。通过角色扮演,学生能够更深入地理解语法在不同情境中的变化和应用,同时增强自身的合作和沟通能力。此外,角色扮演活动还可以增加课堂的互动性和趣味性,使原本枯燥的语法学习变得生动有趣。教师可以根据教学内容设计不同的角色扮演场景,引导学生运用所学语法知识进行交流和表达,有效提升学生的语言实际应用能力。

3. 教学游戏法

设计语法教学游戏是一种有效的情境创设策略,教师可以通过游戏化的教学活动激发学生的学习兴趣。游戏中的竞争和合作元素能够调动学生的积极性,使学生在轻松愉快的氛围中掌握语法知识。教师可以根据语法教学内容设计不同类型的游戏,如语法接龙、语法竞赛、语法修正等,让学生在游戏的过程中发现语法规则,实践语法应用。通过游戏化学习,学生可以在互动和体验中加深对语法知识的理解,提高语言运用能力,同时培养学生的团队协作能力和创新思维。

(二)翻转课堂教学法

1. 微课资源的开发与应用

翻转课堂模式下的英语语法教学要求教师掌握并应用微课资源的开

发技能，包括对视频微课内容的策划、拍摄与编辑。教师需要通过学习现代教育技术，熟悉视频编辑软件的操作，从而制作出既有教育价值又符合学生兴趣的微课资源。在内容的选择和整合上，重点应围绕语法知识点展开。同时，教师应积极探索并整合网络上的优质教育资源，创作出内容丰富、形式多样的微课，以吸引学生的注意力并促进其自主学习。这种方式不仅能够打破传统课堂的时间与空间限制，还能够为学生提供更为丰富和多元的学习材料，有助于学生构建全面的语法知识体系。

2. 师生互动渠道的拓展

在翻转课堂模式下，拓展师生互动渠道成为确保语法教学效果的关键。教师需要通过多种线上线下平台与学生保持沟通，如建立学习群组、利用社交媒体进行互动等，以便实时跟踪学生的学习进度和状态，及时解答学生在自主学习过程中遇到的问题。这种多维度的互动方式不仅能够促进师生之间的沟通和了解，还可以增加学生之间的交流和合作，进而形成积极向上的学习氛围。通过这样的互动，教师可以更准确地把握学生的学习需求，从而有针对性地调整教学策略和内容，确保每位学生都能有效地吸收和掌握语法知识。

3. 专注语法难点的解析

针对语法教学中的难点，翻转课堂教学法要求教师具备高度的专业素养和解析能力。教师在制作微课资源时，应重点关注那些学生普遍认为难以理解和掌握的语法点，通过视频讲解、案例分析等方式，对这些难点进行详细的解析和讲解。此外，教师还应在课堂上组织有针对性的讨论和练习，引导学生深入探讨，通过小组合作或个别辅导的方式，确保学生能够彻底理解和应用这些语法知识。通过这种方式，教师不仅能够提高自己的语法教学能力，还能够有效提升学生对语法知识的理解和运用水平，从而达到教学的最终目的。

第八章 高校英语教育教学的创新实践——技能类教学

第一节 高校英语教育听力教学的创新实践

一、互动教学法及实践分析

（一）激发兴趣与积极性的互动探讨

互动教学法在英语听力教学中发挥着至关重要的作用，教师通过与学生的实时交流和探讨，能够激发学生提高英语听力的兴趣和积极性。这种教学方法使学生在听力练习的过程中不再是被动接受，而是主动参与和思考。学生通过与教师的互动，能够即时反馈自己对听力材料的理解和疑问，从而提高了听力理解水平和分析问题的能力。互动教学还促进了学生之间的交流，如学生可以通过小组讨论的形式分享各自的听力理解和学习策略，从而增进了学生之间的合作，为听力教学创造了一个充满活力和互助的学习环境。

（二）分阶段互动实践的具体操作

在具体实施互动教学法的过程中，教师可将听力材料划分为若干段落，使学生在听完每一段之后能有机会与其进行互动交流。这种分阶段的互动方式有助于教师及时了解学生对听力内容的掌握情况，也为学生提供了反思和消化所听内容的机会。通过提问和讨论，教师不仅能够检测学生的听力理解水平，还能引导学生深入分析听力材料，发现并解决听力理解过程中遇到的问题。教师在这一过程中扮演着引导者和桥梁的角色，有效地将学生与听力材料联系起来，增强了学生与材料之间的互动性。

（三）听后总结与解决问题的互动策略

在全部听力材料播放完毕后，进行听后总结和解决问题是互动教学法的重要环节。教师需要与学生共同回顾听力材料的主要内容，总结学生在听力理解中遇到的共性问题，并针对这些问题提供明确的解答和策略。这一步骤不仅帮助学生巩固了对听力材料的理解，还提高了学生解决问题的能力。通过这种方式，教师能够确保学生在听力学习过程中遇到的疑惑得到及时解决，同时加深了学生对听力材料深层次含义的理解，促进了学生听力水平的全面提升。

二、文化导入法及实践分析

（一）培养跨文化理解的文化导入

在英语听力教学中，文化导入法是一种有效的教学创新实践，它能通过引入目标语言国家的文化知识，增强学生的文化意识和跨文化交际能力。语言学习不仅是语法和词汇的积累，更是对语言背后文化的理解和吸收。通过向学生介绍英语国家的历史、习俗、文化差异、社会习惯等内容，教师可以帮助学生对英语世界有更为全面和深入的了解。这种文化背景知识的导入，不仅能够提升学生的兴趣和学习动力，更能够为学生解读听力材料中的文化隐含意义提供必要的背景支持，从而提高学生的听力理解水平和跨文化交际技能。

（二）实践分析：文化导入法的具体应用

在教学实践中，文化导入法要求教师精心挑选与听力材料相关的文化知识点，并将其巧妙地融入听力教学中。例如，在处理涉及英美节日的听力材料时，教师可以先向学生介绍该节日的起源、庆祝方式和文化意义，通过图片、视频等多媒体资料使学生直观感受节日氛围，然后再进行具体的听力练习。这种文化背景的铺垫，能够帮助学生在听力实践中更好地把握对话或短文的场景和情境，提高理解的准确度。教师还可以组织学生进行相关的文化讨论或小组活动，鼓励学生分享自己的看法和体验，进一步加深对文化知识的理解和吸收。这样的教学实践不仅能够增强听力教学的趣味性和实用性，还能培养学生的跨文化意识，为他们未来的国际交往奠定坚实的基础。

三、电影教学法及实践分析

（一）电影教学法在英语听力教学中的应用

电影教学法通过引入电影这一丰富多彩的视听材料，为英语听力教学提供了一个新颖和动态的学习平台。这种方法不仅能够吸引学生的注意力，还能够在提供真实语境的同时增强学生的语言实际应用能力。电影中的对话、背景音乐和环境声音等元素，能够为学生提供一个全方位的听力训练，使他们在享受观影乐趣的同时，无形中提升听力理解水平。

（二）实践分析：电影教学法的具体实施

在实施电影教学法时，教师的准备工作至关重要。教师通过提前布置与电影主题相关的作业和搜集背景信息，可以使学生在观影前对电影有一个基本的了解，这样不仅能增加他们对电影内容的兴趣，还能在观影过程中更加专注于语言学习。在观看电影过程中，教师可以采用精听和泛听相结合的策略，通过选择包含丰富的新词和短语的片段进行精听，学生可以深入了解电影中的语言特点，同时通过泛听加强对电影总体内容的把握，从而在大背景下理解语言的运用。

教师在电影播放过程中的适时暂停，对学生理解电影语言内容至关重要。通过暂停解析影片中的关键对话和文化背景，教师不仅能帮助学生理解复杂的语言表达，还能引导学生深入讨论影片中涉及的跨文化差异，从而提高他们的跨文化交际能力。通过这种方法，电影不仅成为学习语言的工具，也成为了解和探索不同文化的窗口。

第二节　高校英语教育口语教学的创新实践

一、实物教学法及实践分析

在英语口语教学中，实物教学法是一种极为有效的教学策略，它依托于与学生生活紧密相关的直观教学材料，如个人旅行的照片、视频或家乡的风景画册等图片或实物，从而营造一个既轻松又真实的学习环境。在教学过程中，教师不仅仅是语言知识的传递者，更成为情境的创设者和学习体验的引导者。学生在这样的课堂上，将个人的经历或者感受转化为口语表达的内容，使用英语进行描述和分享。这种基于个人经验的表达方式，能够极大地激发学生的情感共鸣，使得口语表达变得更为自然流畅。学生在介绍自己熟悉和喜爱的事物时，更容易投入情感，从而提高语言表达的真实性和感染力。在这种教学模式下，每个学生都有机会成为课堂的主角，分享自己的故事，这不仅增加了学生之间的互动，也让学生在英语学习的过程中找到了乐趣和成就感。

通过角色扮演等活动形式，如模拟导游活动，教师可以训练学生的口语能力。教师要引导学生利用事先准备的照片或视频向同学们介绍某个特定地方的风景名胜，这是实物教学法的一种重要实践。这种活动不仅锻炼学生的口语表达和演讲技巧，更重要的是，它促进了学生对新学知识的应用和练习，从而加深了学生对语言知识的理解和掌握。在这个过程中，学生需要组织语言、选择合适的词语和句型描述图片或视频中的内容，这种有目的的语言使用活动，使学生在实践中不断复习和应用新学的语言点。教师在活动过程中进行指导和反馈，帮助学生及时纠正错误，提升表达的准确性和流畅性。通过这样的活动，学生不仅能够在轻松愉快的氛围中练习口语，还能够在互动中提升语言综合运用能力，实现了语言知识与技能的有机结合。

教师在学生进行口语表达活动时可以进行视频录制，活动结束后与学生一起观看并进行点评，这一环节是实物教学法中至关重要的一步。这种即时的反馈和评价机制，不仅提供了一个让学生自我反思的机会，也促进了师生之间以及学生之间的深入交流。通过观看自己和同伴的表达，学生能从多个角度审视自己的语言使用情况，识别并改正错误，也能从他人的表达中学习到不同的表达方式和思考角度。此外，教师通过这种方式还能更直观地掌握每个学生的口语水平和学习需求，从而在未来的教学中提供更有针对性的指导和帮助。

二、影视辅助法及实践分析

教师在口语教学中应用影视辅助法，可以通过生动的视听材料激发学生的学习兴趣，提高他们的语言实际运用能力。这种教学方法不仅能够为学生提供丰富的语言输入，还能够创设真实或接近真实的交际情境，使学生在模拟的环境中练习口语表达,从而达到提高口语交际能力的目的。影视辅助法的教学顺序通常包括以下几个步骤。

(一)预习阶段

在正式观看影视材料之前,教师需要对学生进行预习指导,包括引入与影视材料相关的背景知识、重点词语和表达方式。这一阶段要为学生观看影视材料做好充分的准备,提前激发学生的兴趣和好奇心,让他们对即将学习的内容产生预期。

(二)观看阶段

学生观看由教师精心挑选的影视片段,这些片段应当与教学目标密切相关,既可以是原汁原味的英语电影或电视剧,也可以是专为英语学习者准备的教育视频。在观看过程中,学生需要完成教师布置的特定任务,如关注使用频率高的表达、真实情境下的语言运用等。

(三)讨论阶段

观看结束后,教师组织学生就观看的内容进行讨论。讨论可以围绕影片的主题、人物角色、情节发展等展开,教师在此过程中应引导学生使用英语进行表达和交流,鼓励学生分享自己的观点和感受,增强学生的口语表达能力。

(四)模拟练习阶段

在这一阶段,教师可以安排一些角色扮演或情景模拟的活动,让学生根据观看的影视内容进行模拟练习。例如,学生可以扮演影片中的角色,根据影片情境进行即兴对话练习,或者设计与影视内容相关的口语表达任务,如辩论、讲故事等。

（五）对比原版阶段

通过与原版影片内容的对比，学生能够直观地看到自己的创意与原作之间的差异，这不仅是对学生想象力的一种肯定，也是对其语言理解和表达能力的一种挑战。这种比较分析过程有助于学生反思和评价自己的语言使用情况，识别表达中的不足，从而在未来的学习中进行调整和改进。

三、多模态教学法及实践分析

在英语口语教学中，多模态教学法是一种有效的创新教学实践。通过引入多种模态的资源，如视觉、听觉、动作等，教学活动变得更加生动和具体，为学生提供了一个丰富的学习环境。特别是在话剧表演这类活动中，学生不仅能够通过语言来表达，还能通过身体语言、表情、音乐背景等多种方式加深表达的情感和意境，从而更全面地理解和掌握语言知识。在这种教学模式下，学生通过分组讨论、角色分配、场景设计等一系列准备工作，不仅锻炼了英语口语能力，还提高了团队合作能力和创造力。例如，通过表演话剧《汉姆雷特》，学生需要准确理解剧本内容和人物性格，然后根据自己的理解和创意演绎角色，这一过程强化了他们对英语文化的理解和英语表达的实践。

多模态教学法还能够有效地将文化内容融入语言教学中。通过话剧表演，学生在模拟英语文化背景的同时能感受到不同文化之间的差异和特点，增强他们的跨文化交际能力。例如，学生在表演话剧《汉姆雷特》时，不仅需要掌握英语表达，还需要了解和表现出剧中的文化背景和人物情感。这样的学习过程既是语言学习，也是文化体验。

然而，多模态教学法的应用也需要教师根据教学内容和学生实际情况做出恰当的选择和调整。教师应当精心设计每一项活动，确保活动既能吸引学生参与，又能有效达到教学目标。过度依赖多媒体资源或者活动安排不当都可能导致学生注意力分散，影响学习效果。因此，在实施多模态教学法时，教师需要精心规划，合理利用多种教学资源，确保教学活动既生动有趣，又有助于学生语言能力的提升和文化素养的增强。

第三节　高校英语教育阅读教学的创新实践

一、图式理论教学法

图式理论是一种解释人们如何处理和组织信息的认知框架。它基于这样一个观点：人们在面对新信息时，会自动地、无意识地调用存储在大脑中的一系列先前的知识和经验，这些先前的知识和经验形成了一个个图式。这些图式帮助人们理解新的信息，即通过将新的信息与已有的知识框架相匹配，从而实现对信息的快速处理和理解。图式不仅包括具体对象的知识，如对某一地点的记忆，还包括对事件、情境、行为习惯等的理解。

图式理论强调背景知识在认知过程中的重要性。它认为，人们对世界的理解和信息的处理不是孤立进行的，而是在已有的知识体系基础上进行的。这意味着，当人们遇到新的情况或信息时，他们会在大脑中搜索相关的图式，并利用这些图式解释和理解新的信息。如果大脑中不存在相关的图式，个体可能难以理解新的信息，这就解释了为什么有时候即使面对相同的信息，不同的人会有完全不同的理解和反应。

图式理论在阅读教学中具有重要作用，它不仅深刻影响着学生对文本的理解过程，也为教师提供了有效的教学策略。通过激活和构建学生的背景知识图式，教师可以帮助他们更好地预测和理解阅读材料中的信息。当学生阅读时，他们的大脑会自动搜索与文本内容相关的图式，这些图式作为认知的框架，引导他们的注意力，帮助他们将新信息与已有知识连接，形成更加稳固的记忆编码。此外，图式理论还可促进学生在阅读过程中进行有效的推理和批判性思考。通过比较、分析文本信息与个人图式的匹配度,学生可以更深入地理解文本含义,提出自己的见解和疑问。因此,在阅读教学中融入图式理论,不仅能够提升学生的阅读技能,还能够增强他们的理解能力和批判性思维,使阅读变成一个主动、深层次的认知过程。通过有意识地构建和调用相关图式,教师可以引导学生更有效地理解和吸收阅读材料,从而实现阅读教学的优化。

根据图式理论,图式可大致分为三类:语言图式、内容图式和形式图式。以下就结合这三个方面来分析基于图式理论的英语阅读教学策略。

(一)构建语言图式

构建语言图式的过程是培养学生语言基本能力的过程,涵盖了对语音、语法结构以及词汇意义的掌握。为了帮助学生构建稳固的语言图式,教师需要通过系统的语言训练,如通过阅读、听力练习等丰富多样的语言输入,增强学生的语言认知。在实际教学中,教师可以设计有针对性的练习,如语法填空、句子改写等,以提升学生对特定语法结构的理解和应用能力。此外,通过讨论、分享和模仿等互动活动,学生能够在实际语境中运用新学的语言知识,进一步加深对语言规则的理解和记忆。

(二)构建内容图式

内容图式的构建要求学生具备一定的背景知识,包括文化背景、主题相关知识等,这对于深入理解文本意义至关重要。教师在教学中可以引入与阅读材料相关的背景信息,如历史背景、文化习俗、作者信息等,这些都能帮助学生更好地理解文本内容。例如,在学习一篇关于英国历史的文章前,教师可以简要介绍相关的历史背景知识,使学生在阅读时能够连接已有的知识图式,从而更加容易理解文章内容。通过小组讨论、主题报告等方式,教师还可以激发学生的学习兴趣,促使他们主动探索和拓展自己的内容图式。

(三)构建形式图式

在阅读教学中,构建形式图式是帮助学生理解文本组织结构和识别文章类型的重要环节。教师通过教授学生识别不同文体的特征和结构,可以大大提高他们的阅读理解能力。例如,针对记叙文、说明文、议论文等不同类型的文章,教师可以引导学生关注文章的结构特点,如记叙文的时间、地点、人物、事件等基本要素,说明文的定义、分类、过程、原因分析等,议论文的论点、论据、结论等。

在具体实践中,教师可以采取多种方式帮助学生构建形式图式。例如,教师可采用直接讲授的方式向学生系统介绍各种文体的定义、特点及其组织结构,辅以具体文本实例分析,展示文章从开头到结尾的逐步展开过程和段落组织方式,帮助学生构建对文章结构的清晰理解;通过设计小组讨论活动,教师可引导学生在识别和分析指定文章类型的过程中,深化对形式图式的认识,提升分析和批判性思维能力;教师也可引导学生进行阅读材料的对比分析,进一步加深学生对不同文体独特性的理解,使其在实际阅读中能更快地识别文章类型,提高阅读效率;教师还可鼓励学生在阅读中主动运用所学的形式图式,通过实践和反馈,逐步培养对文章结构的敏感性,从而更自如地理解和分析各类阅读材料。这种基于图式理论的教学策略不仅优化了学生的阅读技能,也促进了他们批判性和创造性思维的发展,展现了图式理论在阅读教学中的实践应用与深远影响。

二、互联网教学法

互联网为英语阅读教学提供了海量的学习资源,包括各种级别的阅读材料、原版书籍、新闻、学术文章等,涵盖了广泛的主题和领域。这种资源的多样性和丰富性能够满足不同学习者的需求,让学生根据自己的兴趣和学习目标选择合适的阅读材料。互联网教学法允许学生随时随地进行学习,不受时间和地点的限制。学生可以根据自己的学习节奏安排阅读时间,也可以反复阅读难度较大的材料,直到完全理解。互联网平台通常提供论坛、评论区等互动功能,学生可以在这些平台上分享自己的阅读体会、讨论问题或提出疑问,教师和其他学生可以给予反馈和帮助。这种互动性增强了学生的参与感和学习动力。

(一)网络平台构建与资源共享

在探索高校英语教学的现代化途径中,互联网教学法显现出其独特的优势和广阔的应用前景。通过精心设计的教学策略,这种方法能够有效地提升学生的英语阅读能力和综合语言运用能力。互联网教学法在英语阅读教学中的运用,突破了传统课堂的空间和时间限制。教师通过构建在线学习平台,可以为学生提供丰富多样的阅读材料,从而满足不同层次学生的学习需求。这种方法的一个显著优势是能够实现教学资源共享的最大化。教师不仅可以在平台上上传与课程相关的阅读材料,还可以根据教学内容的需要,添加多媒体元素,如图片、视频和音乐等,以增强学习材料的吸引力,激发学生的学习兴趣。此外,互联网平台的交互性设计还促进了学生之间的交流与合作,为学生提供了一个广阔的语言实践场合。

(二)材料筛选与预备互动

在材料选择和课前准备方面,互联网教学法展现了其灵活性和实效性。在这种教学模式下,教师能够根据教学大纲和学生实际情况,科学地筛选和布置阅读材料。通过网络技术,教师可以指导学生在课前自主搜索并浏览相关阅读资源,这不仅有助于学生提前了解和接触课堂内容,而且有效地培养了学生的信息检索能力和自主学习能力。此外,通过小组讨论的方式,学生可以在阅读过程中与他人交流思想,分享感悟,这种互动不仅加深了学生对材料的理解,而且提高了他们的沟通与合作能力。课后，通过撰写阅读报告和教师的口头反馈，学生进一步巩固了自己的阅读成果，提升了学习效果。

（三）评估反馈与个性化指导

在学生学习成果的评估和指导方面，互联网技术的应用同样展现出显著的优势。利用网络技术，教师可以更加科学地设计评估方案，全面地评价学生的阅读水平和语言能力。通过在线测试、作业提交和数据统计等功能，教师不仅可以及时、准确地掌握学生的学习进度和效果，还可以根据学生的学习情况，进行有针对性的指导和帮助。例如，对于阅读能力较弱的学生，教师可以提供额外的辅导材料和个性化的学习建议，帮助他们克服学习难题，提高学习效率。通过这种方式，教师不仅能够实现对学生学习成果的精确评估，而且能够根据评估结果进行有效的分类指导，从而更加有针对性地提高教学质量和效果。

第四节　高校英语教育写作教学的创新实践

一、语块教学法

语块教学法在高校英语写作教学中的应用，开创了提升学生写作水平的新路径。这种教学法强调的是英语学习者对固定词组或短语结构的掌握和运用，即语块。语块作为英语中的词汇程式现象，涵盖了各种固定搭配、习惯用语甚至是句子模板。在教学过程中，教师不仅向学生传授语块的基本概念和分类，更重要的是让学生理解掌握和运用这些语块对于提高语言表达的流畅性和地道性的重大意义。具体来说，英语教师可以通过以下两个方面开展语块教学。

（一）构建相关的话语范围知识

在高校英语写作教学中，构建相关的话语范围知识是至关重要的一步。这一过程不仅涉及对特定主题的社会知识和文化知识的深入理解，还要求学生能够在此基础上运用恰当的语言表达。教师的角色在这一过程中显得尤为关键。通过有目的的教学活动，教师能够引导学生深入探讨与特定主题相关的语篇，如旅游、购物等。这不仅能够帮助学生发现和理解不同语言中的文化差异，还能够使他们了解这些差异是如何影响语言表达和交流的。为了达到这一目的，教师可以组织学生讨论个人经历，如旅游经历，或者组织学生观看与主题相关的实物、照片和视频，这些都是提高学生对特定话语范围理解的有效方法。

此外，教师还需要重视学生对相关词语和表达形式的掌握。通过阅读和讨论不同的语篇，学生可以识别并学习特定话语范围内的关键词语和表达方式。教师可以引导学生在阅读过程中归纳整理遇到的新词，并鼓励他们将这些新词与已有的知识联系起来，这样不仅能够扩大学生的词汇量，还能够加深他们对特定话语范围的理解。同时，通过参加与主题相关的实践活动，学生能够从实践中学习和体验，这种亲身经历对于他们理解和运用话语范围内的知识是非常有价值的。这种综合运用多种教学资源和方法的教学策略，能够有效地帮助学生构建与特定主题相关的全面、深入的话语范围知识，为他们的英语写作打下坚实的基础。

（二）建立相关语类的语篇模式

在高校英语写作教学中，建立相关语类的语篇模式是提升学生写作能力的关键步骤。通过对不同语类及其结构的深入了解和实践，学生能够更好地掌握各类文本的写作技巧。在这一教学过程中，教师的角色是至关重要的。教师需要通过精心设计的活动，帮助学生清晰地理解和把握各种语类及相关主题的语篇，包括对语篇的阅读、讨论和分析，让学生能够对语篇的结构、语境以及作者的交际目的有一个全面而深刻的了解。通过这些活动，学生不仅能够了解不同语类文本的特点和结构，还能够理解语篇背后的社会、文化背景和作者的写作目的等要素。

教师还应该引导学生对语篇的结构和框架进行深入分析，包括对语篇的段落构成、连贯性以及语法模式的研究。通过分析和比较不同的语篇，学生可以对特定语类的写作模式有一个更清晰的认识。此外，教师还应该鼓励学生通过小组讨论和交流，分享他们对语篇的理解和见解。这种互动式的学习方式不仅能够促进学生之间的思维碰撞，还能够加深他们对语篇结构和语法模式的理解。通过这些系统而有序的教学活动，学生能够逐渐构建对特定语类语篇模式的深入理解，从而在写作中更好地运用这些知识，提升自己的写作水平。

二、产出导向法

（一）确立英语写作教学的产出导向策略

在高校英语写作教学中，采用产出导向法可以显著提升教学效果。教师在备课阶段需要综合运用新型教学方法和技术，如慕课、微课和翻转课堂，以实现英语写作教学与"互联网+"的有效结合。这种教学模式不仅有助于确立产出导向的教学策略，而且为英语写作知识的讲解和教学评价提供了坚实的基础。产出导向的写作教学聚焦于明确的写作内容、具体的产出任务以及丰富的输入材料和资料的收集。以"Exploring Cultural Differences"（探索文化差异）为题的写作任务为例，教师可以先收集与文化差异相关的材料，然后设计具体的写作任务，如描述不同文化背景下的人际交往习惯，引导学生通过写作深入探讨文化差异。

（二）激发英语写作的内在驱动力

为了更有效地实施产出导向的教学策略，教师必须在教学前期做好充分准备，特别是要了解学生的兴趣和心理需求。通过在互联网上搜集相关的写作范本和材料，教师可以根据学生的兴趣和需求确定写作的内容。以"Environmental Protection and Sustainable Development"（环境保护与可持续发展）为题的写作任务为例，教师可以引导学生关注与环境保护相关的社会议题，激发学生对该主题的深入思考，从而更有效地完成英语写作任务。通过特色话题驱动，教师可以引起学生对写作学习的浓厚兴趣，通过提问和创建情境，使主题更加具体和生动，这样不仅增强了英语写作教学的互动性和趣味性，而且确立了学生在写作课堂上的主体地位。

（三）精心设计产出任务

确定了英语写作的内容和驱动力之后，教师需要根据产出导向法理论来制定教学方案。这一过程包括对英语写作教学的内容和形式的详细规划，将教学内容细分为多个小任务，以降低学生在写作过程中的难度。以"Environmental Protection and Sustainable Development"为题的写作任务为例，教师可以将任务细化为关于环保和可持续发展的写作单词、句型、短语、观点等小任务。通过对"sustainable""conservation"等单词的深入探讨，教师不仅可以加强教学任务的结构性和连贯性，还可以帮助学生在写作课堂上形成对自身能力的认识和信心。

（四）准备集成式材料

在高校英语写作教学中，产出导向法强调的是一个精细化和个性化的准备过程。教师在编制产出任务时，需要仔细筛选和准备与写作主题紧密相关的材料和资源。例如，对于以"Exploring Urbanization Challenges"（探索城市化挑战）为题的写作任务，教师需要收集与城市化相关的核心单词、短语和句型，并根据学生的语言能力水平进行划分，确保材料的难易程度与学生的实际情况相匹配。此外，教师还需要从权威的英文文学作品和新闻报道中挑选出经典范文，并确保这些材料符合英语教学的标准，以促进学生在观点表述和思想价值上的提升。这种细致的材料准备工作不仅能够丰富学生的语言表达库，还能够增强他们对特定写作主题的理解和认知。

（五）进行产出过程的动态引导与互动

教师在完成产出准备导向的工作之后，便进入了产出过程导向的阶段。在这一阶段，英语写作教学以课堂为中心，教师需要引导学生深入理解英语写作的基本方法和技巧，并在此过程中进行有效的互动和引导。以"Technological Advancements and Society"（科技进步与社会）为题的写作任务为例，教师首先需要确保学生在课前对准备阶段的材料有所了解，并在课堂上进行充分的讨论和分析。这种产出驱动的方式能够帮助学生在课堂上有效地运用已学的语言知识，也能够促进形成积极的课堂氛围。在此基础上，教师进一步通过提供输入性资料和专业指导，帮助学生在写作过程中形成自己的特色和风格，并逐步提升写作能力。教师的这种动态引导和互动，不仅能够确保学生在写作练习中能够有效地应用所学知识，还能够根据学生的实际表现和需求，提供有针对性的指导和帮助。

第五节　高校英语教育翻译教学的创新实践

一、文化教学法

（一）影响翻译的文化因素

翻译活动不仅仅是两种语言之间的转换，更是两种文化的交流和融合。文化因素在翻译过程中起着至关重要的作用，它们深刻影响着翻译的准确性和适切性。

1. 语言与文化习俗

语言是文化的载体，而文化习俗在语言中有着深刻的体现。在英汉翻译中，这种文化差异尤为明显。例如，英语中有一个成语"kick the bucket"，直译为"踢桶"，但其实际意义是"去世"。这一表达在汉语文化中没有直接对应的成语，因此，直译并不能传达其真正含义。合适的翻译应该是"去世"或"辞世"。再比如，中文中的"对牛弹琴"，直译为"play the piano to a cow"，英文中并不常用，需要转化为英文中表达类似意思的短语，如"casting pearls before swine"。这些例子说明了在英汉翻译中，理解源语言的文化习俗和找到目标语言中合适的对应文化是非常重要的。

2. 历史与文学背景

历史和文学作品往往反映了一种文化的特点和价值观。在英汉翻译中，对这些作品的正确理解和翻译需要深入了解两种语言背后的历史和文化背景。例如，对莎士比亚作品的翻译，除了语言上的准确，更需要理解其背后的英国历史文化背景，以及莎士比亚时代的社会风尚和人文思想。同样，对中国古典文学作品的翻译，如《红楼梦》或《诗经》，也需要翻译者不仅要精通语言，更要深入理解中华文化和历史。这样的翻译不仅是文字的转换，更是文化的传递和交流。

3. 风俗习惯和生活方式

风俗习惯和生活方式的差异也是英汉翻译中的一个重要文化因素。例如，中文中有"团圆饭"这个概念，它不仅仅是家庭成员共同用餐那么简单，更蕴含了家庭和睦、团聚的深厚文化内涵。英文中没有直接对应的表达，翻译时需要加以解释，如"a family reunion dinner"，并在适当的情况下补充解释其文化含义。另一方面，西方国家如美国或英国的"Thanksgiving dinner"在中文中也没有直接对应的节日，翻译时除了直译"感恩节晚餐"外，还需要对其文化背景和习俗进行适当的介绍。

4. 审美观念和艺术传统

审美观念和艺术传统的差异同样影响着英汉翻译。西方文学中经常会出现对自由、个人主义的歌颂，而东方文学，特别是传统中国文学，则更多地强调集体主义和社会和谐。这种差异在翻译时需要得到体现。例如，翻译英文文学作品时，不能忽视个人主义色彩的表达；同样，翻译中国古诗时，也要传达其深层的文化意蕴。此外，艺术形式，如诗歌、绘画中的文化元素，如对颜色、形状、节奏的不同理解，在翻译时也需要得到适当的考虑和传达。

（二）文化教学法实践分析

文化教学法在高校英语教育翻译教学中的应用尤为重要。它不仅强调语言知识的传授，更加重视对源语言和目标语言背后文化的深入理解和掌握。通过文化教学，学生能够更好地理解语言的深层含义，从而提高翻译的准确性和文化适应性。例如，当教授英汉翻译时，教师可以引导学生深入研究英语国家的历史发展、文学精粹、艺术风格以及社会文化习俗等。这些内容不仅能够丰富学生的知识结构，更为重要的是，能够帮助学生理解特定语言表达背后的深层文化含义。以英语中的俚语表达"spill the beans"为例，字面意思是"打翻豆子"，但其实际意义是"泄露秘密"。教师可以讲解这一俚语的起源和使用背景，让学生理解这一表达方式所蕴含的文化内涵，并在翻译时能够找到恰当的汉语表达，如"泄露天机"或"说漏嘴"。通过这样的教学，学生不仅掌握了语言文字，还能够在文化层面上进行思维的转换和语境的理解，从而更准确地传达原文的意图和情感。

文化教学法还倡导在翻译教学中采用多样化和实践性的教学方法。教师可以组织学生参与模拟翻译实践，如角色扮演、情境对话或者小组合作翻译项目，使学生在真实或模拟的语境中使用语言，感受文化差异对语言表达的影响。例如，在讨论英语谚语"Every cloud has a silver lining."（每朵乌云都有银色的边。）时，教师不仅需要解释这一谚语的字面意义和深层寓意，还可以引导学生研究这一表达在英语国家的文化语境中的使用情况，如在什么情况下使用、用来安慰什么样的人等。然后，教师可以引导学生思考如何将这一表达翻译成汉语，不仅要传达其字面意义，还要传达其深层文化内涵和情感色彩，如可以译为"塞翁失马，焉知非福"或"苦尽甘来"。通过这样的教学活动，学生能够更深刻地理解语言与文化之间的关系，提高他们的语言表达能力和文化理解能力。

文化教学法在高校英汉翻译教学中的实践中，更加强调多元化教学手段的应用，特别是在互联网技术高度发展的今天，互联网资源对翻译教学的提升作用不可小觑。互联网资源的引入不仅极大地丰富了教学内容和手段，而且提供了一个更加广阔的文化视角和实时的语言环境。例如，教师可以使用网络平台带领学生访问不同国家的新闻网站、文化论坛和博客，让学生直接接触和感受不同文化背景下的实际语言使用情况。通过在线交流平台，学生还可以与外国人直接对话，进行语言实践，这种沉浸式的学习对于提高学生的语言理解力和跨文化交际能力极为重要。

同时，互联网技术的应用也极大地拓展了翻译教学的方法和途径。利用互联网，教师可以组织在线翻译工作坊、翻译比赛和协作翻译项目，让学生在真实的语境中使用语言，并在实践中不断改进和提高。例如，教师可以要求学生参与一个在线的多语种翻译项目，学生不仅需要完成翻译任务，还需要与来自不同文化背景的学生合作，讨论和解决翻译过程中遇到的文化差异和语言难题。这种形式的翻译实践不仅能够锻炼学生的语言技能和翻译技巧，更能够提升他们的文化理解能力和团队协作能力。

二、生态化教学法

生态语言学理论和教育生态学理论为高校英语翻译教学提供了一个全新的视角。这些理论认为，语言和教育都是生态系统的一部分，它们与环境相互作用、相互影响。在这样的理论指导下，英语翻译教学不再是简单的语言知识传授，而是一个全面、动态的教育过程，要求教师充分考虑教学环境、学生个体、文化背景等多种因素。

（一）构建多元文化的语言环境

在英语翻译教学中，运用生态语言学理论，教师应致力构建一个多元文化的语言环境，使学生沉浸在丰富的语言文化中。在这种教学模式下，学生不仅学习语言，还在多元文化的语境中实践和体验翻译。例如，教师可以利用英语电影、纪录片、新闻节目等原声影视资料，展示不同国家和地区的文化特色，引导学生深入分析和讨论其中的语言表达和文化内涵。在翻译练习中，学生要识别和翻译源语言特定的表达，如习语、俚语、文化背景知识等，通过实际操作加深对源语言文化的理解。此外，教师还可以组织国际交流活动，如在线视频会议、国际学生交流项目等，让学生有机会与母语为英语的人士直接交流，实际体验和练习跨文化交际，这不仅增强了学生的语言能力，也提高了他们的翻译质量。

（二）注重学生个体差异和自主学习

基于教育生态学理论，英语翻译教学应注重学生的个体差异，采用个性化的教学策略。认识到学生在学习背景、认知风格和学习需求上的差异，教师应设计多样化的翻译教学活动和材料，满足不同学生的需求。例如，教师可以设置不同层次的翻译任务，从基础的语言转换到复杂的跨文化交际翻译，使学生按照自己的步调和能力进行学习。同时，教师应鼓励学生开展自主学习，利用网络资源、在线翻译工具、多语言数据库等丰富的学习资源，进行自我探索和实践。通过小组合作、同伴互评等互动形式，学生可以在团队合作中学习，在讨论和反思中成长。在这个过程中，学生不仅提高了翻译技能，还培养了批判性思维能力、创新能力和终身学习的能力。

参考文献

[1] 罗敏江. 基础英语教育实践与创新 [M]. 北京：北京理工大学出版社，2020.

[2] 毛佳玳. 信息化背景下高校英语教学创新研究 [M]. 杭州：浙江工商大学出版社，2022.

[3] 赵丽. 互联网背景下高校英语教育的创新发展 [M]. 长春：吉林人民出版社，2021.

[4] 吴美兰. 大学英语教育的教学方法和探索 [M]. 天津：天津科学技术出版社，2018.

[5] 舒婧娟，汪萍，鲁春林. 基于多维视角下的英语教育模式研究 [M]. 青岛：中国海洋大学出版社，2019.

[6] 宏杰. 基于跨文化交际理论的高校英语教学创新探究 [M]. 北京：新华出版社，2021.

[7] 高红梅，管艳郡，朱荣萍. 高校英语教学创新性研究 [M]. 长春：吉林人民出版社，2021.

[8] 夏珺. 高校英语教学设计优化与模式创新研究 [M]. 长春：吉林人民出版社，2022.

[9] 刘亚娜. 高校英语教学理论与实践探究 [M]. 长春：吉林人民出版社，2020.

[10] 管艳郡，朱荣萍，罗芳.高校英语教学及其语言学应用研究[M].长春：吉林人民出版社，2021.

[11] 霍悦.新媒体时代高校英语教育教学创新应用研究[J].新闻研究导刊，2023，14（24）：154-156.

[12] 杨文强.新媒体时代高校英语教育的创新发展路径分析[J].新闻研究导刊，2023，14（21）：173-175.

[13] 秦萌.网络时代高校英语教育教学创新与实践[J].食品研究与开发，2023，44（14）：237.

[14] 胡文婷.基于互联网技术的高校英语教育教学模式创新[J].食品研究与开发，2023，44（12）：239-240.

[15] 郭笑宁."互联网+"时代高校英语教育优化与创新[J].中国新通信，2023，25（11）：191-193.

[16] 张黎黎，黄永新.信息化背景下高校英语教育教学路径探索与创新[J].食品研究与开发，2023，44（10）：239.

[17] 张墨飞.新媒体视角下高校英语教育的创新发展路径研究[J].教育教学论坛，2023（6）：62-65.

[18] 蔡烨.新媒体时代高校英语教育教学创新与实践[J].湖北开放职业学院学报，2023，36（2）：10-11，14.

[19] 孙凌燕.新媒体时代高校英语教育教学创新发展路径探索[J].高教学刊，2022，8（33）：114-117.

[20] 姚学会.基于市场需求的高校英语教育专业人才培养模式的创新与实践研究[J].英语广场，2022（28）：104-107.

[21] 唐嘉梨.新媒体视角下高校英语教育的创新与改革：评《互联网背景下高校英语教育的创新发展》[J].中国高校科技，2022（5）：107.

[22] 朱若曦.高校英语教育的时代反思与创新策略研究[J].湖北开放职业学院学报，2022，35（7）：13-14，24.

[23] 刘凡.基于互联网技术的高校英语教育教学模式创新[J].食品研究与开发，2022，43（7）：234.

[24] 李欣.新时代高校英语教育教学创新与实践[J].食品研究与开发，2022，43（6）：233.

[25] 姜麟，王亚光.现代高校英语教育教学创新与实践[J].食品研究与开发，2022，43（2）：234.

[26] 曹晨.新媒体时代高校英语教育教学创新发展路径探索[J].食品研究与开发，2022，43（1）：233.

[27] 邬右翼，段惠琼."互联网+"时代高校英语教育优化与创新[J].食品研究与开发，2021，42（23）：244.

[28] 张颖.基于多元文化视角的高校英语教育创新实践：评《高校英语语言实践活动创新策略》[J].中国高校科技，2021（11）：107.

[29] 庞涛.新媒体视角下高校英语教育的创新发展研究[J].现代英语，2021（17）：92-94.

[30] 杨芹.信息化领导力促进高校英语教育教学创新发展[J].现代职业教育，2021（36）：180-182.

[31] 王荣宁.高校英语教育引入茶文化的路径创新分析[J].福建茶叶，2021，43（6）：158-159.

[32] 崔林.新时期高校英语教育生态模式构建：评《跨文化交际研究与高校英语教学创新探索》[J].中国教育学刊，2021（5）：130.

[33] 张媛.新媒体时代高校英语教育教学创新与实践研究[J].现代英语，2021（7）：45-47.

[34] 弥沙，何楠.新媒体时代高校英语教育教学创新与实践[J].食品研究与开发，2021，42（3）：235.

[35] 文宇.高校英语教育引入茶文化的思路创新研究[J].福建茶叶，2020，42（12）：329-330.

[36] 唐婧. 新时期高校英语教育创新发展研究：评《高校英语教学与思辨能力培养》[J]. 中国高校科技，2020（12）：104-105.

[37] 李德义，朱雅新. 高校英语教育教学的发展与创新[J]. 食品研究与开发，2020，41（18）：241.

[38] 孙瑜霞. 新媒体时代高校英语教育教学创新与实践[J]. 现代英语，2020（15）：39-41.

[39] 龚琛. 健康视野下高校英语教育教学的理论创新：评《英语教学方法与策略》[J]. 中国食用菌，2020，39（6）：256-257.

[40] 王嘉璐，闫仙慧. 新媒体视角下高校英语教育的创新发展路径研究[J]. 现代英语，2020（7）：115-117.

[41] 张则欣. 多元化视域下高校英语教育教学的创新对策研究[J]. 中国多媒体与网络教学学报（中旬刊），2020（3）：194-195.

[42] 徐文娟. 新媒体视角下民族地区高校英语教育的创新发展分析[J]. 科技风，2020（5）：65.

[43] 纪红，倪莉莉. 多元化视域下高校英语教育教学的创新研究：评《高校英语教育教学理论与实践研究》[J]. 高教探索，2019（11）：143-144.

[44] 常颖. 浅谈高校英语教育教学实践中的多模态教学模式创新实践[J]. 才智，2019（21）：187.

[45] 郭尧驰. 高校英语教育教学实践中的多模态教学模式创新实践[J]. 高教学刊，2019（13）：22-24.

[46] 吴函. 新媒体视角下高校英语教育的创新发展策略[J]. 海外英语，2019（11）：82-83.

[47] 刘敬敏. 新媒体视角下高校英语教育的创新发展[J]. 文化创新比较研究，2019，3（4）：89-90.

[48] 谢咏涛. 新媒体视角下高校英语教育的创新发展[J]. 文化创新比较研究，2019，3（3）：89-90.

[49] 姜璐.新媒体背景下高校英语教育的创新发展[J].农家参谋,2018(24):179.

[50] 那琳.大数据视域下的高校英语教学模式创新探讨[J].农家参谋,2018(18):128.

[51] 杜芸.新媒体视角下高校英语教育的创新发展路径分析[J].辽宁广播电视大学学报,2018(3):51-52.

[52] 李强.新媒体视角下民族地区高校英语教育的创新发展路径研究[J].贵州民族研究,2018,39(7):213-216.

[53] 刘小琴.新媒体视角下高校英语教育的创新发展路径研究[J].海外英语,2018(13):85-86.

[54] 黄静静.高校英语教育引入茶文化的思路创新[J].福建茶叶,2018,40(6):217.

[55] 张月珍.高校英语教育引入茶文化的思路创新[J].福建茶叶,2018,40(3):169-170.

[56] 黄燕.基于市场需求的高校英语教育专业人才培养模式的创新与实践[J].科教导刊,2018(5):40-41,75.

[57] 郭涛.新媒体视角下高校英语教育的创新发展路径研究[J].现代交际,2017(21):130.

[58] 张传伟.新媒体视角下高校英语教育的创新发展路径研究[J].文化创新比较研究,2017,1(28):84,86.

[59] 刘超.高校英语教育专业语法教学改革及实施创新研究[J].北京印刷学院学报,2017,25(5):24-26.

[60] 杨帅.人才复合型发展中高校英语教育模式新表征[J].黑龙江高教研究,2016(7):160-162.

[61] 殷健.信息化背景下高校英语教育模式创新探究:评《高校英语教育模式创新研究》[J].中国教育学刊,2023(7):155.

[62] 田佳. 多元文化教育在英语教学中的实施途径：评《高校英语教育教学理论与实践研究》[J]. 中国高校科技，2021（10）：103.

[63] 朱锦霞，朱长贵. 多元文化视域下高校英语教育教学探索：评《高校英语教育教学理论与实践研究》[J]. 热带作物学报，2021，42（9）：2845-2846.

[64] 李勇. 基于多元文化视角的高校英语教育教学分析[J]. 陕西教育（高教），2021（8）：43-44.

[65] 苏布德. 农业院校英语教育的产生及发展：评《中国近现代高校英语教育变迁与中华文化复兴》[J]. 中国农业资源与区划，2021，42（6）：193,239.

[66] 陈媛. 跨文化视角下高校英语教育改革路径探究[J]. 食品研究与开发，2021，42（9）：238.

[67] 谢华. 微课模式下高校英语教育教学实践[J]. 食品研究与开发，2020，41（24）：267.

[68] 佟显峰. 高校英语教育中的"中国文化失语"现状研究及思考[J]. 吉林广播电视大学学报，2020（11）：89-90.

[69] 何怡度. 网络环境下的英语教育改革创新探究[J]. 英语广场，2020（30）：55-57.

[70] 邹冬梅. 互联网下的高校英语教育探微[J]. 科技资讯，2020，18（30）：22-24.

[71] 刘彬. 多元化背景下高校英语教学改革理论与实践探索：评《高校英语教育教学理论与实践研究》[J]. 高教探索，2020（9）：132.

[72] 黄珍. 新媒体环境下高校英语阅读教学探索：评《高校英语教育教学理论与实践研究》[J]. 高教探索，2020（9）：133.

[73] 胡家英，王丹. 多元文化视域下高校英语教育教学实践[J]. 食品研究与开发，2020，41（16）：231.

[74] 谢建东.高校英语教学改革理论与实践探索：评《高校英语教育教学理论与实践研究》[J].中国高校科技，2020（7）：105.

[75] 王蓓.新时代背景下高校英语教育与思政教育的融合发展[J].中国多媒体与网络教学学报（中旬刊），2020（7）：208-210.

[76] 程紫薇.中国英语教育的语言教学模式探析[J].英语广场，2020（19）：76-79.

[77] 刘磊.关于互联网时代下高校英语教育的浅探[J].佳木斯职业学院学报，2020，36（6）：177-178.

[78] 孙秋晨.多元背景下高校英语教学理论改革与实践探索：评《高校英语教育教学理论与实践研究》[J].高教探索，2020（5）：131.

[79] 孟芸.全球化语境下高校英语教育中文化自觉培养诉求及对策[J].才智，2020（13）：91.

[80] 沈冰洁.新形势下高校英语教学方法研究：评《高校英语教育教学理论与实践研究》[J].教育发展研究，2020，40（4）：87.